W0206949

GAGNER SA LIBERTÉ FINANCIÈRE ET CHOISIR SA VIE

Jérémy
Barray

GAGNER SA LIBERTÉ FINANCIÈRE ET CHOISIR SA VIE

LE GUIDE PERSONNEL
DE L'INVESTISSEUR AVISÉ

MAXIMA

Jérémy BARRAY, dirigeant et associé de plusieurs sociétés dont l'activité principale est le conseil en gestion de fortune, est diplômé de l'ESCP Europe et titulaire d'un Master spécialisé en ingénierie patrimoniale internationale.

Associé fondateur de la start-up Shanty Biscuits et leader d'une communauté Instagram ouverte à tous (@lesinvestisseursmalins), il est passionné par les sujets d'investissements et d'entrepreneuriat.

Il passe aujourd'hui la majeure partie de son temps à conseiller et à former celles et ceux qui sont animés par l'envie de donner du sens à leur argent en le mettant au service de leur vie pour atteindre un maximum de liberté financière.

Conception graphique de la couverture : Studio Dunod

Le pictogramme qui figure ci-contre mérite une explication. Son objet est d'alerter le lecteur sur la menace que représente pour l'avenir de l'écrit, particulièrement dans le domaine de l'édition technique et universitaire, le développement massif du photocopillage.
Le Code de la propriété intellectuelle du 1er juillet 1992 interdit en effet expressément la photocopie à usage collectif sans autorisation des ayants droit. Or, cette pratique s'est généralisée dans les établissements d'enseignement supérieur, provoquant une baisse brutale des achats de livres et de revues, au point que la possibilité même pour les auteurs de créer des œuvres nouvelles et de les faire éditer correctement est aujourd'hui menacée.
Nous rappelons donc que toute reproduction, partielle ou totale, de la présente publication est interdite sans autorisation de l'auteur, de son éditeur ou du Centre français d'exploitation du droit de copie (CFC, 20, rue des Grands-Augustins, 75006 Paris).

DANGER
LE PHOTOCOPILLAGE
TUE LE LIVRE

© Maxima, 2022, pour la nouvelle présentation

Maxima est une marque de Dunod Éditeur

11 rue Paul Bert, 92240 Malakoff

ISBN 978-2-8188-1154-2

Le Code de la propriété intellectuelle n'autorisant, aux termes de l'article L. 122-5, 2° et 3° a), d'une part, que les « copies ou reproductions strictement réservées à l'usage privé du copiste et non destinées à une utilisation collective » et, d'autre part, que les analyses et les courtes citations dans un but d'exemple et d'illustration, « toute représentation ou reproduction intégrale ou partielle faite sans le consentement de l'auteur ou de ses ayants droit ou ayants cause est illicite » (art. L. 122-4).
Cette représentation ou reproduction, par quelque procédé que ce soit, constituerait donc une contrefaçon sanctionnée par les articles L. 335-2 et suivants du Code de la propriété intellectuelle.

Table des matières

Préface

Été 2015, à Cannes. Sous le soleil de la Côte d'Azur, je dévore sur ma terrasse mon premier livre abordant l'indépendance financière.
Je prends une première claque lorsque je me rends compte que, jusqu'à présent, je n'allais pas du tout dans la bonne direction.

Puis, une deuxième claque lorsque je prends conscience que j'ai toutes les clés financières, juridiques, fiscales et immobilières pour adopter le bon chemin. Celui de la liberté et du bonheur.

À cette époque, j'exerçais le même métier que Jérémy Barray, celui de gestionnaire de patrimoine.

Dix-huit mois plus tard, je possédais treize biens immobiliers ayant des rendements de 13 à 28 % par an. J'étais indépendant financièrement.

Quatre ans plus tard, j'ai une trentaine de biens immobiliers en tous genres, visité une trentaine de pays, réalisé des placements financiers divers et variés et créé une entreprise en plein essor qui emploie six collaborateurs.

On pourrait me dire « Ton métier était de conseiller tes clients sur leurs placements financiers et en optimisation fiscale, pourquoi n'as-tu pas compris plus tôt comment devenir indépendant financièrement ? »

Eh bien, malgré toutes les connaissances liées à mon métier, j'étais aveugle.

Aveugle car je ne voyais que ce que l'on m'avait appris à voir : une carrière, des journées de dix heures, du temps échangé contre de l'argent, des rendements médiocres…

J'étais condamné à reproduire le schéma familial et social du milieu modeste d'où je viens.

Ma vision étroite et normée m'empêchait d'utiliser mes connaissances pour parvenir à l'indépendance financière.

Et c'est avec certitude que je peux affirmer que Jérémy Barray a vécu exactement la même chose.

Si, malgré notre expertise technique, nous n'étions pas libre financièrement, imaginez le peu de chances que cela laisse à ceux qui n'ont pas notre formation.

Quasiment aucune.

2015 a été pour moi l'année d'un changement de vie radical. Tout ce qui s'en est suivi a été une aventure fabuleuse : quitter le salariat, vivre de mes investissements immobiliers, créer plusieurs entreprises, voyager autour du monde huit mois par an, protéger mes parents et vivre passionnément chaque jour.

Je tiens donc à vous féliciter d'avoir fait aujourd'hui, grâce au livre de Jérémy Barray, un choix qui, je le sais, est difficile. Celui de l'ouverture d'esprit, de la remise en question, de l'apprentissage, de l'agrandissement de votre zone de confort, de l'argent, de la sécurité, de la passion et la liberté.

Je vous souhaite de vous prendre les mêmes claques que celles j'ai prises il y a quelques années et, surtout, de mettre à profit immédiatement tout ce que vous allez apprendre dans ce livre.

Il y a une phrase que j'aime répéter à mon équipe, aux personnes qui participent à mes formations et à moi-même chaque jour : « Fait vaut mieux que parfait, car parfait signifie pas fait. »

Bonne lecture !

Christopher Wangen

Investisseur et formateur en investissements immobiliers

Introduction

• Comment j'ai lâché mon job

Nous sommes le 14 juillet 2015. Quoi de mieux qu'un jour férié pour passer quelques minutes à réfléchir aux notions de liberté et de travail ?

En cette fin de journée, je me sens comme dans un état second, convaincu que les semaines à venir vont être fondatrices d'un avenir personnel tout à fait différent. Ce livre sera le symbole d'un futur riche et passionnant.

Après quelques jours de repos sur la Côte d'Azur, ma femme et moi sommes de retour à la maison, dans notre belle Provence, entre Avignon et le Lubéron. Je me pose pour écrire ces lignes et réfléchir avec vous à ce que je veux vraiment pour mon avenir.

Inspiré par les cigales et le soleil couchant rasant la cime des cyprès qui bordent notre terrain, je décide de changer de vie dès demain. Jay-Z, notre jeune chienne berger allemand, tellement heureuse de nous retrouver après ces quelques jours de séparation, me colle son jouet plein de bave contre le genou pour m'inciter à jouer avec elle. Mais je reste concentré sur les conséquences que mon choix aura sur mon avenir, sur notre avenir à tous les trois… ou plutôt à tous les quatre.

J'ai fêté hier mes 31 ans et j'ai annoncé à tous mes amis que nous allions avoir notre première fille avant la fin de l'année.

Cet événement tant attendu par ma femme et moi-même nous réjouit et va certainement changer notre vie. Mais je décide devant vous d'aller encore plus loin dans les changements à venir. Demain, j'annonce à mon employeur que je m'en vais! La décision est prise et je m'y tiendrai. Comment puis-je être cohérent avec ce que je m'apprête à écrire si je ne le fais pas?

15 Juillet 2015. On y est! C'est la fin de la journée, même endroit, même heure, assis sous le même murier platane, en tongs, à me faire bouffer les chevilles tantôt par les moustiques, tantôt par les fourmis rouges. Ma femme tente d'arroser les plantes sans que Jay-z, toujours aussi excitée, ne mette sa gueule au bout du tuyau. Bref, rien n'a changé depuis hier. Rien, hormis le fait que... j'ai annoncé à mon employeur, une banque privée sur le point d'être rachetée par un concurrent, que je m'en allais.

Le directeur commercial, en bon manager d'expérience, a remarqué mon détachement lors de la réunion du matin pendant laquelle il nous annonçait le nom de notre futur actionnaire. Puis nous avons eu un entretien. Je n'y suis pas allé par quatre chemins. Dès le début, j'ai dit au directeur local et à son homologue régional: «voilà, vous me connaissez bien maintenant alors ce ne sera pour vous qu'une demie surprise mais j'ai décidé de quitter le groupe.» Puis, le directeur commercial et moi nous sommes livrés à une petite joute verbale. Il cherchait légitimement à me déstabiliser, pour me faire changer d'avis autant que pour comprendre les raisons profondes de mon départ.

Celles-ci se résument en une phrase à laquelle il n'a pu opposer aucun argument: «j'ai décidé de toujours prendre du plaisir dans ce que je fais et de rester libre. Ce n'est plus le cas aujourd'hui. Je ne sais pas encore exactement ce que je vais faire mais j'ai plein d'idées et je sais que c'est en suivant mon instinct d'entrepreneur que j'aurais une vie riche et passionnante malgré les risques que cela comporte.»

La fin de ma phrase n'était pas vraiment sincère car pour ma part, le plus grand risque dans la vie, c'est de persister dans un schéma qui ne procure ni épanouissement ni perspectives de changement.

En toutes circonstances, le plus grand risque, le seul vrai risque, c'est de ne rien changer, quand vous savez au fond de vous-même que vous avez la capacité de faire mieux et que vous avez un choix à faire.

• Nous sommes faits pour être libres

L'objectif de ce livre sera de prouver que la vie est faite pour trouver du plaisir, de la joie, du succès, de la liberté plutôt que de la souffrance, des contraintes ou d'accepter de rentrer dans un moule où nous devenons, intentionnellement ou non, esclaves de nos propres vies. L'objectif de ce livre sera aussi de vous donner des clés concrètes et réalistes pour développer l'état d'esprit et les pratiques qui permettent de vivre pleinement une vie libre et abondante.

Pour autant, je souhaite immédiatement mettre les choses au clair au sujet du titre volontairement provocateur de cet ouvrage. J'ai l'intime conviction qu'il n'est pas nécessaire de travailler dur pour devenir riche. Mais à l'inverse, l'oisiveté ou l'inactivité ne permettent certainement pas non plus d'avoir une vie riche.

Dans ce livre, je souhaite redéfinir le sens du mot travail mais aussi le sens du mot richesse. Car si vous êtes tombés dans le panneau du titre, c'est que vous comprenez les mots *travail* et *richesse* seulement dans leurs sens les plus courants. Ces mots peuvent vouloir dire tellement plus !

Le travail peut être une corvée, quelque chose que l'on subit et qui nous asservit. Mais le travail, lorsqu'il est mis à notre service, peut aussi être vecteur de richesse. La richesse, quant à elle, n'est pas seulement une quantité d'argent, de titres ou de biens matériels que nous possédons. La richesse, c'est avoir les moyens moraux, physiques et matériels de s'épanouir. C'est être libre, c'est être détendu, c'est prendre du plaisir, faire ce que l'on aime, que ce soit voyager ou faire du sport, cuisiner ou s'impliquer dans un projet humanitaire, composer, jouer ou simplement écouter de la musique, avoir le temps de contempler ce qui nous entoure, ou toute autre chose qu'il vous siéra d'imaginer. C'est avoir l'esprit léger, optimiste et positif.

Je tenterai donc de redéfinir le travail et la richesse en adoptant un autre point de vue sur la vie. Je partagerai des expériences personnelles et j'aurai aussi recours à des exemples vécus par d'autres personnes qui ont compris bien avant moi ce que j'essaierai de transmettre dans les pages de ce livre. Quoi de mieux en effet que des histoires vraies et actuelles pour illustrer mon propos ?

Mon message s'adresse à tout le monde, et il s'adresse donc à vous, que vous soyez dans une période de crise, de doute et de remise en question, ou que vous soyez au contraire ancré dans une vie routinière et insatisfaisante qui à la longue fera de vous un zombie : pour reprendre les termes du conférencier Philippe Bloch « c'est quand tout va bien qu'il faut changer. » En dans tous les cas, « tout vaut mieux que l'immobilisme et l'ennui.[1] »

Quelle que soit votre situation, en lisant ce livre et en mettant en application les principes et les astuces que je vais partager avec vous, vous aurez des déclics pour améliorer le ressenti et la vision que vous avez de vous-même, de votre vie, et quelques

1. Philippe Bloch : *Tout va mal… je vais bien*, 2017, Paris, le Livre de Poche, 192 p.

clés pour améliorer concrètement votre existence et votre capacité à réaliser vos rêves et vos objectifs.

Je vais partager avec vous le top des méthodes qui ont fonctionné pour moi au cours de ces dernières années. Elles sont une source constante de motivation personnelle. J'entends par « méthodes » une succession de processus permettant d'obtenir un résultat *a priori* meilleur que si nous ne les utilisions pas. Ce sont elles qui séparent les professionnels des amateurs dans tous les domaines.

En appliquant les quelques méthodes et principes qui suivent, je vous fais la promesse que votre vie en sera impactée positivement et que vous pourrez enfin libérer votre potentiel. Vous commencerez même à croire à nouveau que vos rêves peuvent se réaliser tout simplement. Votre vie commencera à ressembler à celle des gens que vous admirez, que vous enviez peut-être. Ces gens qui semblent avoir l'esprit léger et qui ont toujours le sourire peu importe les circonstances.

Nous parlerons de gestion du temps, de gestion du stress, de passion, de réseau, de partage, d'obsessions. Je vous inviterai à casser la routine, aimer le changement, donner un sens à votre vie, refuser d'être un pion. Je vous aiderai à construire une vision et à trouver l'énergie pour la réaliser.

Souvenez-vous dès à présent de ceci : vous avez en vous toutes les ressources pour y parvenir.

1.
Doit-on lâcher son travail ?

Revoyez vos croyances sur le travail

Le travail, c'est la santé! Autant que je me souvienne, je n'ai jamais cru en ce dicton une seule seconde de ma vie. Manifestement, Henri Salvador, à qui l'on doit la popularisation de cet espèce de slogan, n'y croyait pas non-plus. Dans la chanson, sa louange du travail était immédiatement suivie d'un démenti: « Le travail c'est la santé, rien faire, c'est la conserver ».

Évidemment, ni l'une ni l'autre de ces deux assertions n'est vraie. Pourtant, l'idée que le dur labeur est une condition nécessaire, voire une obligation morale pour quiconque veut gagner dignement sa vie continue de faire son chemin.

La malédiction donnée à l'homme dans le mythe de la genèse « tu gagneras ton pain à la sueur de ton front » est progressivement devenue la valeur travail, que brandissent régulièrement les hommes politiques pour inciter les populations à rester dociles. Valeur première du pétainisme (on se souvient tous du fameux: travail, famille, patrie), affirmation morbide et ironique planant au-dessus des camps de concentration du régime nazi (l'expression « le travail rend libre » était apposée à l'entrée de plusieurs des sinistres camps de la mort), slogan de campagne de Nicolas Sarkozy (« Travailler plus pour gagner plus ») et programme politique d'Emmanuel Macron (qui propose de « travailler davantage » pour réduire les impôts !). La liste et longue de ceux qui tentent de nous faire croire qu'user sa vie à la gagner est la clé du bonheur.

Comment en arrive-t-on à croire massivement à ce genre d'affirmations ? Partout dans le monde, dans toutes les langues et toutes les cultures, il existe des phrases toutes faites comme celles-là, qui invitent ceux qui les entendent à les considérer comme des vérités absolues. La technique de manipulation mentale est basique. Il suffit de les répéter inlassablement de générations en générations. Ceux qui les répètent, nos parents, nos professeurs, nos employeurs, en sont tellement convaincus et nous les expriment avec un tel aplomb que cela prévient toute remise en question potentielle.

Dans ma jeune vie, des croyances et des certitudes, j'en ai eu beaucoup. Certaines ont eu un impact très positif dans la construction de ma personnalité et de mon identité. En revanche, d'autres se sont avérées *limitantes* et il se trouve qu'elles provenaient souvent des phrases toutes faites comme celles que je viens de mentionner.

Prenons ensemble quelques exemples que nous connaissons tous : « Ne parle pas aux inconnus ». Bêtise quasi-internationale qui induit que les inconnus sont probablement une source de danger. C'est ce genre de phrases qui, répétées depuis notre plus tendre enfance, ancre en nous la méfiance, la distance et la peur de l'autre, alors que la rencontre d'un inconnu peut tout aussi bien être source d'ouverture, d'apprentissage, d'entraide, etc.

Alors certes, l'injonction de ne pas parler aux inconnus nous a peut-être protégés d'adultes mal intentionnés lorsque nous étions des enfants sans défense. Mais à force d'être répétée, cette injonction faite pour les enfants devient une croyance inconsciente qui nous empêche de nous connecter aux autres et de saisir les opportunités d'une vie sociale ouverte et riche. Elle devient une *croyance limitante.*

Un autre exemple? L'expression «bon courage!» Pourquoi dit-on cela si souvent pour conclure une conversation ou une rencontre avec quelqu'un de son entourage? Comme si cela allait mettre notre interlocuteur dans des conditions mentales plus favorables s'il croit qu'il aura besoin de courage pour mieux vivre le reste de sa journée. Au contraire, sans même s'en rendre compte, ces deux mots innocemment prononcés pourraient l'inciter inconsciemment à vivre des événements difficiles. La pensée ayant des effets sur notre perception du réel, il sera plus enclin à interpréter les situations comme compliquées et pourra même aller jusqu'à les compliquer lui-même. Naturellement, comme nous aimons tous avoir raison, il se dira ensuite qu'il avait raison de croire qu'il avait besoin de courage pour traverser tout cela.

Voici encore d'autres exemples de croyances limitantes: «il est dangereux d'essayer quelque chose de nouveau»; «je suis trop vieux pour apprendre ou changer»; «je ne suis pas assez créatif [ou intelligent, courageux, ambitieux...] pour réussir»; «je n'ai pas le droit à l'erreur»; «si je réussis, je risque de changer et pourrais être rejeté par mes amis ou ma famille.»

Toutes ces croyances limitantes me fatiguent même si, comme pour vous, certaines m'ont été répétées si souvent que je me surprends encore à les ressortir mécaniquement.

Revenons sur cette croyance relative au travail que j'évoquais plus tôt: «le travail c'est la santé.» Quand on sait que le mot «travail» vient du latin *tripalium,* qui désignait une espèce de trépied sur lequel on immobilisait les esclaves pour les punir et les torturer, on se demande bien comment a pu se faire au fil du temps une telle association entre travail et santé!

Ceux qui ont inventé le mot travail avaient donc bien conscience de la souffrance qui y était associée. Or, justement, l'amour du travail qu'on nous incite à développer depuis notre enfance dissimule trop souvent une glorification de la souffrance et une valorisation de l'asservissement. Je suis convaincu qu'il est nécessaire de faire des efforts pour obtenir des résultats. Mais le goût de l'effort n'a pas à devenir une obligation de souffrance ni un moyen de légitimer la servitude. Or, c'est souvent ce qui finit par arriver lorsqu'on croit trop aux vertus du travail.

En anglais, la glorification de la souffrance dans le travail est clairement exprimée dans le slogan devenu célèbre : « no pain, no gain » [sans douleur, pas de gain] très courant dans les milieux sportifs et professionnels. Ce slogan me donne envie de répondre : « love pain : no brain » [qui aime la douleur perd sa cervelle] juste pour dire quelque chose d'aussi dénué de sens. Que gagne-t-on à se faire volontairement souffrir ? Si elle est inévitable, elle doit toujours être contingente. C'est une erreur de croire que la souffrance peut nous faire grandir : ça n'est pas le cas, bien au contraire. On ne grandit pas *grâce* à la souffrance mais *malgré* elle. Car la souffrance est faite pour nous arrêter – c'est-à-dire pour nous limiter. C'est notre capacité à la réduire, à la stopper ou à la dépasser qui nous rend heureux et épanouis et non notre capacité à souffrir plus !

La souffrance n'est donc pas la clé de la prospérité et le travail n'est pas la santé. D'ailleurs, ce dicton chéri par nos anciens ne leur a pas permis d'éviter ce qui nous attend tous : la fin de cette existence mortelle. À leur décharge, les anciennes générations n'avaient pas vraiment le choix en termes d'activités professionnelles. Pendant la première partie du siècle dernier, il y avait le choix entre l'armée, le secteur primaire agricole ou le secteur secondaire assimilé à l'industrie et à l'invention du travail à la chaîne pour la plus grande majorité de nos aïeux. Alors pour se donner du courage dans le vrai sens du terme ou pour se rassurer et donner un sens à leur vie, peut-être valait-il mieux se répéter que le travail était la clé du bonheur et de la santé.

Mais les chiffres de l'espérance de vie sont implacables. Malheureusement pour eux, le travail a rarement été synonyme de santé et de longévité. Au cours du vingtième siècle, la réduction progressive du temps de travail et les progrès de la médecine ont été accompagnés d'une augmentation progressive de la durée de vie. À l'heure actuelle, la corrélation demeure forte entre pénibilité du travail et espérance de vie : un ouvrier vit en moyenne six ans de moins qu'un cadre[1] !

En fait, une étude conduite par des chercheurs de Harvard a démontré récemment que le stress lié au travail pouvait réduire l'espérance de vie de 33 ans ! Pourquoi donc continuer de croire au travail et d'utiliser ce genre d'expression à l'heure de la technologie de pointe, de la médecine avancée, de l'accès à l'éducation et à l'information dans nos sociétés modernes ? Pourquoi doit-on encore prouver qu'il faut souffrir pour mériter ce que l'on a ?

Je vous invite dès à présent à vous défaire de cette croyance. Abandonnez le goût du travail pour privilégier le goût de l'effort *agréable* et *intelligent*.

1. Blanpain Nathalie, « Les hommes cadres vivent toujours 6 ans de plus que les hommes ouvriers » *INSEE Première*, 2016, n° 1584
Goh Joel, Pfeffer Jeffrey, Zenios Stefanos, « Exposure To Harmful Workplace Practices Could Account For Inequality In Life Spans Across Different Demographic Groups », Health Affairs Vol. 34 n° 10, Variety Issue.

• Développez le goût de l'effort agréable et intelligent

J'entends par effort agréable et intelligent un effort que vous consentez à produire pour deux raisons : d'une part parce qu'il est mis au service d'une stratégie personnelle à même de produire dans votre vie plus de bien-être et de liberté. D'autre part, parce qu'il vous procure une expérience agréable et enrichissante de façon immédiate et non différée dans le temps. Voici une petite expérience personnelle que je voudrais partager avec vous pour illustrer mon propos.

Lors du week-end qui a précédé ma démission, j'avais eu l'occasion de prendre de recul. Ma femme et moi étions à Cannes. Nous y avons un appartement que nous louons à la semaine et avons profité d'un vide de deux jours pour apprécier la plage et l'ambiance estivale.

En fait, nous y allions parce que la femme de ménage qui s'occupe de cet appartement était en vacances. Nous devions donc le nettoyer de fond en comble à la suite du départ d'une famille suisse et avant l'arrivée d'une famille suédoise. Nous tenions à ce que la propreté du logement soit irréprochable pour que cette jeune famille passe un séjour parfaitement agréable.

A priori, il s'agit là d'une véritable corvée. Rouler deux cents kilomètres pour aller faire le ménage, cela ne ferait rêver personne. Je connais un certain nombre de personnes pour qui faire le ménage représente le quotidien professionnel : j'ai une pensée pour eux en écrivant ces lignes et je sais qu'ils seraient les derniers à vous dire que le travail c'est la santé.

Dans notre cas aussi, le ménage n'était pas une partie de plaisir par 32°C à l'ombre. Toutefois, nous n'avons pas vécu la réalisation de cette tâche comme une corvée, précisément parce qu'il ne s'agissait pas d'un moment de souffrance et d'asservissement. Plusieurs conditions étaient réunies pour que cela soit au contraire un effort utile et intelligent :

- nous étions libres de le faire au moment de la journée qui nous convenait,
- nous étions libres de réaliser cette tâche étape par étape dans l'ordre que nous préférions,
- nous le faisions parce qu'il nous semblait important d'entretenir notre patrimoine, source de revenus,
- nous le faisions parce que nous savions que nos locataires sauraient exprimer leur reconnaissance pour nos efforts et reviendraient probablement dans le futur. Peut-être même qu'ils recommanderont notre appartement à leurs amis,
- enfin, nous l'avons fait avec énergie parce que nous savions que nous n'aurions pas à le refaire avant un bon moment, car heureusement, notre femme de ménage reviendrait de vacances.

Nous avons aussi profité d'un magnifique soleil pendant quelques jours, sur de belles plages de sable fin, dans de bons restaurants proposant des spécialités françaises ou italiennes. Bref, nous avons eu de quoi recharger les batteries.

Le travail, pour être synonyme de santé, doit à mon sens revêtir les caractéristiques suivantes : il doit s'inscrire dans une stratégie qui permet d'accroître notre liberté à court ou moyen terme. Il doit contenir une part de plaisir, c'est à dire une gratification immédiate en termes d'expérience, et pas seulement en termes de salaire. Travailler intelligemment et avoir plaisir à ce que l'on fait : voilà la définition du seul travail acceptable à mes yeux. Je renonce à toute autre conception du travail et j'espère que vous en ferez autant !

Développer le goût de l'effort agréable et intelligent, c'est abandonner l'état d'esprit du travailleur asservi pour endosser celui de l'entrepreneur libre. Il y a entre ces deux états d'esprit un fossé qui va créer son équivalent en termes de moyens et d'expériences de vie.

Une ville comme Cannes s'offre justement comme un théâtre où l'on observe très distinctement ce fossé qui sépare les expériences des uns et des autres.

À Cannes, toutes les catégories sociales se croisent et partagent le temps d'un instant le même trottoir, sur le célèbre boulevard de la Croisette. Il n'est pas rare d'y croiser quelques personnalités, princes, rois et émirs se rendant sur les plages et les pontons des palaces flottants. Il n'est pas rare non-plus d'y croiser des gens dont on perçoit qu'ils ont consenti de gros sacrifices tout au long de l'année pour s'offrir des vacances, mais qui ne pourront s'y payer que le luxe d'une glace à l'italienne pendant que d'autres jouissent pleinement des nombreuses opportunités qu'offre la ville, luxueuse et hédoniste. Ces derniers vivent toute l'année en faisant des efforts pour survivre financièrement en étant asservi à leur travail, et leur incursion dans le monde « merveilleux » de Cannes constitue encore, en lui-même un effort : ils ne peuvent profiter de leur expérience cannoise d'une façon totalement libérée. Ils ne possèdent pas l'aisance des habitués.

À l'inverse, on remarque très vite les habitués. Distincts des princes, des émirs, des magnats et des stars, ce sont ces Cannois dont le bronzage est apparemment déjà parfait avant même l'arrivée de l'été. Probablement à la retraite, mais pas nécessairement âgés, ils semblent jouir d'un confort financier acquis de longue date et, pour eux, tout cela est devenu complètement normal.

Comment expliquer que certains demeurent prisonniers dans un monde fait pour le plaisir tandis que d'autres donnent l'impression d'être en vacances toute l'année alors qu'ils ne semblent pas avoir atteint l'âge de la retraite ? Mettons de côté ceux qui ont hérité de leur fortune – une minorité – pour nous concentrer sur ceux qui gagnent leurs vies honnêtement sans pour autant être marqués ni par le poids des soucis ou des responsabilités, ni par les efforts physiques constants que pourrait demander un dur labeur. Ceux-là ont généralement développé un état d'esprit valorisant la liberté et l'épanouissement. Il ne s'agit pas d'une vague aspiration. C'est un mode de vie, fondé sur des stratégies financières efficaces, reposant elles-mêmes sur des principes de vie solides et un rapport au travail qui rompt radicalement avec la logique du salariat.

J'ai un grand respect pour les gens au métier difficile dont l'environnement personnel et familial semblent les avoir condamnés à trimer toute leur vie pour payer leurs factures. Bien souvent, ce n'est pas par manque de capacités à faire autre chose qu'ils se retrouvent dans cette situation mais plutôt parce que personne dans leur entourage ne les a suffisamment inspirés pour leur donner la vision qu'une autre vie était possible en adoptant une attitude et des stratégies différentes.

Malheureusement, ils sont comme prisonniers parce qu'ils ne possèdent pas les outils pour rompre avec l'héritage de valeurs et d'exemples qu'ils portent depuis leur plus tendre enfance et observent dans leur famille, chez leurs voisins et leurs amis. A l'évidence, il est plus difficile d'obtenir liberté et autonomie lorsque personne ne vous a transmis les codes de la réussite et de la reconnaissance sociale. Comprendre qu'il existe des codes de la réussite et apprendre à les identifier et les maîtriser est important pour ne plus être tenu en soumission par le système.

Voici donc l'élément de code fondamental qui fait toute la différence : le premier principe que maîtrisent ceux qui ont une vie prospère c'est que, tout comme l'argent, le travail doit être un serviteur et non un maître. La différence entre un un rentier détendu qui profite de la vie et un salarié en virée sur la croisette réside dans leur rapport au travail : le premier n'est pas asservi au travail, parce qu'il en connaît la juste valeur, tandis que la vie du second dépend entièrement de l'effort qu'exige de lui son travail. Le problème n'est pas le fait de faire des efforts pour gagner sa vie, mais d'« avoir un travail » pour y parvenir : c'est le salariat qui produit de la souffrance.

• Rompre avec la logique salariale

Travailler plus pour gagner plus ? Sérieusement ? Ce n'est vrai que si vous vendez votre temps à un employeur. Mais pour gagner plus, travailler plus n'est pas toujours pertinent. Vous voulez gagner plus ? Alors réfléchissez avant d'agir et optimisez vos efforts pour obtenir le résultat qui correspondra le mieux à votre vision de l'avenir. J'ai eu la chance de comprendre cela assez tôt dans ma vie, dès le collège en fait. Toutefois, cela n'est pas toujours évident car nous avons été conditionnés pour intégrer une mentalité « salariale » selon laquelle, à la quantité d'argent que l'on reçoit en échange d'un travail, doit correspondre une quantité d'effort, de sacrifice et de souffrance que l'on fournit. Cette façon de penser nous conduit dans une impasse.

Pour comprendre ce principe, je vous invite à considérer l'exemple d'un ami qui est propriétaire d'une belle brasserie à Marseille. J'ai eu l'occasion d'échanger avec lui au lendemain de ma démission. Il me disait être très content de l'acquisition de cette entreprise dont le chiffre d'affaires avoisine les 300 000 euros par mois. Pour quelqu'un parti de rien et qui a 45 ans aujourd'hui, il faut reconnaître qu'il s'agit là de chiffres plus que respectables.

À son tour, il m'a demandé de mes nouvelles et après lui avoir expliqué ma démission de la veille et mes projets futurs, j'ai fini par aborder la thématique de ce livre. Je lui ai dit : « Je veux montrer qu'il n'y a pas besoin de travailler dur pour être riche. » Mon ami est immédiatement tombé dans le panneau et a commencé à m'expliquer en s'énervant que c'était n'importe quoi, que tous les gens riches qu'il connaît travaillent deux fois plus que les autres. En l'occurrence, lui-même, issu des quartiers Nord de Marseille, avait beaucoup travaillé pour obtenir ce qu'il a aujourd'hui. Et aujourd'hui encore, il travaille d'arrache-pied pour faire tourner son affaire.

Bien entendu, je lui ai expliqué la distinction que je fais entre travailler dur et produire des efforts agréables et intelligents. Mais le fait est qu'il demeurait très attaché à l'idée de travail et de dur labeur. Si vous lui demandez pourquoi il travaille autant, il vous répondra que c'est parce que le travail est une drogue et que, de surcroît, son activité le passionne. La vérité, c'est qu'il pourrait travailler moins avec tout autant de passion. Son entreprise continuerait de tourner parce qu'il a su mettre en place des règles saines de gestion. S'il travaille si dur, c'est en fait parce qu'il continue d'adhérer à la croyance qu'il faut travailler plus pour gagner plus d'argent. Il y a même de fortes chances que cela constitue pour lui une valeur, inculquée par ses parents depuis sa plus tendre enfance. Posséder et gérer cette entreprise lui permet de dégager un revenu confortable, mais il s'efforce de dépenser de l'énergie et du temps à la hauteur de sa rémunération pour conserver, à ses yeux, un sentiment de mérite et de justice sociale.

Mais la vérité, c'est que ses employés travaillent quasiment autant sinon plus que lui pour une rémunération dix fois inférieure. La différence de situation financière entre mon ami et ses employés ne se situe donc pas dans le volume d'heures de travail ni même dans la difficulté des tâches qui doivent être accomplies.

D'où vient alors la prospérité de mon ami et la différence de revenu entre ses employés et lui ? On pourrait prétendre que ce sont les risques qu'il a su prendre pour investir dans cette brasserie, et le niveau de responsabilités qu'exige la gestion d'un tel établissement qui justifient son revenu. À la différence de ses employés, mon ami ne serait donc pas payé pour le temps qu'il consacre à sa brasserie, mais pour compenser le risque qu'il a pris en investissant dans cet établissement dont il est le responsable. Pourtant, croyez-moi, son risque est plus que maîtrisé maintenant, car il n'en est pas à son coup d'essai.

Ce n'est donc *in fine* ni le risque ou la responsabilité ni l'effort fourni qui justifient le revenu de mon ami et l'écart entre ce qu'il gagne et le salaire qu'il verse à ses employés. C'est tout simplement sa connaissance et sa maîtrise des stratégies efficaces d'investissement qui lui ont permis de construire sa prospérité. Il connaît les rouages de tels investissements, et pour en arriver là, il a d'abord dû prouver aux banquiers qu'il méritait leur confiance, et la conserver depuis de nombreuses années. Petit à petit, il amortit tranquillement l'emprunt de 1,5 million d'euros nécessaires à l'acquisition de son fonds de commerce. D'ici cinq à sept ans, le crédit sera complètement remboursé et s'il le souhaite, il pourra revendre la brasserie en faisant une belle plus-value. Quant à ses quinze salariés, ils pourraient travailler jours et nuits pendant sept ans en touchant un salaire pleinement conforme aux grilles de leurs professions respectives sans ne serait-ce qu'approcher ce niveau de capital.

La leçon de cet exemple est simple, c'est en investissant intelligemment que l'on devient riche, pas en travaillant dur. Les origines modestes et l'éducation de mon ami l'obligent à justifier l'argent qu'il gagne en tenant un discours conventionnel et mieux accepté par tous. Il explique que c'est sa quantité de travail qui justifie ce qu'il gagne. Il n'assume pas pleinement l'argent qu'il gagne, mais l'ironie c'est que cela ne l'a pas empêché de nous offrir une bouteille de champagne rosé millésimé Roderer à 150 euros lors de l'apéritif au restaurant ce soir-là.

Ne plus se voiler la face

Tenter de justifier sa position de propriétaire patron capitaliste jouissant d'une prospérité économique supérieure à ce que peut offrir le salariat en ayant recours à la logique du salariat n'a aucun sens. La logique du salariat suppose que la rémunération d'une tâche doit être proportionnelle au temps passé à l'accomplir et au niveau de qualification de celui qui l'accomplit. Cette approche permet de rationaliser la rétribution salariale et fait miroiter l'existence chimérique d'une justice sociale : il y a un barème et chacun est payé selon ce barème. Mais le fait est que cette rationalisation est toute relative. Cette vision selon laquelle à un travail correspond un salaire mesurable avec justesse sert principalement aux entreprises pour réduire leurs coûts salariaux, et aux employés pour défendre leurs avantages sociaux.

Fondamentalement, la façon de penser que nous tendons à développer lorsque nous sommes en position de salarié et celle que nous devons développer lorsque nous sommes entrepreneur sont radicalement différentes. Il n'est à vrai dire pas déraisonnable de penser, à l'instar du célèbre consultant et auteur à succès Dan Kennedy[1] et conformément aux analyses de Karl Marx[2] que les intérêts des premiers sont fondamentalement

1. Dan S. Kennedy : *How to make millions with your ideas : an Entrepreneur's guide*, 1996, Plume Book, 272
2. Karl Marx : *Le Capital*, 1867

divergents des intérêts des seconds. Bien entendu, la société préfère promouvoir une vision apaisée des relations de travail, pour éviter que les patrons ne deviennent trop voraces et les employés trop rebelles. Bien entendu aussi, les employés constituent une ressource pour l'entreprise, l'entreprise en est en retour une pour les salariés, et, autant que possible, tout le monde devrait être traité avec respect et dignité.

Mais le fait est que le projet du chef d'entreprise coïncide rarement avec celui des employés. Pour le patron, le business est entièrement conçu pour servir avant tout ses intérêts et objectifs de vie. Il cherchera toujours à en maximiser la rentabilité et la pérennité parce qu'au fond, ses conditions d'existences dépendent de cette rentabilité. Son souci pour le bien-être et la juste rétribution des tâches du salarié sera toujours conditionné, voire limité, par l'impératif de santé de l'entreprise. À l'inverse, les salariés savent très bien dès le départ que leur promesse de gain ne sera jamais équivalente à celle du patron. Ils savent que si la survie de l'entreprise l'exige, leur emploi disparaîtra. De ce fait, leur engagement aura toujours une limite et leur tentative de maximiser leurs gains, en négociant un meilleur salaire ou en aménageant leurs conditions de travail pour plus de confort – ce qui est tout à fait rationnel et compréhensible – représentera toujours un coût supplémentaire dont le patron se passerait bien s'il le pouvait.

La mentalité du salariat consiste à accepter de consacrer du temps et de l'énergie au projet d'une autre personne (le patron) dans une perspective d'enrichissement limitée par la nature même de ce projet. Ça n'est pas mal, ni grave, mais la perspective offerte est dès le départ contrainte.

Vers l'inévitable obsolescence du salariat

Il est inutile et contreproductif de continuer à adopter la logique du salariat pour tenter d'envisager ou de justifier ses gains en tant qu'entrepreneur parce que la logique du salariat est une logique d'enrichissement et d'épanouissement *limitée*. Si vous voulez vivre une vie libre et riche, il faut vous affranchir de l'état d'esprit du salariat.

De toute façon, le salariat, s'il a permis le développement des sociétés modernes, est aujourd'hui voué à être dépassé et marginalisé. Le modèle salarial est notamment battu en brèche par l'émergence de modèles socio-économiques alternatifs tels que celui du revenu universel. L'idée est de substituer à toutes les aides sociales existantes au sein d'un état un revenu universel de base, distribué à chaque citoyen sans aucune contrepartie.

La logique des économistes qui prônent ce revenu universel est la suivante: si la dynamique du capitalisme consiste à produire plus avec de moins en moins de salariés, il a toujours besoin de consommateurs pour écouler sa production. Or, les robots qui remplacent progressivement les ouvriers dans les usines n'achèteront jamais rien et le chômage pèsera sur la consommation. Dans ces conditions, la solution pour maintenir la logique du capitalisme consiste à distribuer un revenu minimum à tous les citoyens, ceux qui n'ont pas de travail comme ceux qui en ont un, afin de maintenir les dépenses de consommation. Ceci permettrait de sortir du paradigme selon lequel une croissance forte est nécessaire pour favoriser la consommation et l'emploi, avec toutes les limites environnementales et climatiques que l'on connaît.

Lors des élections présidentielles de 2017, quelques candidats de gauche ont timidement évoqué l'idée du revenu universel, sans que l'idée ne suscite de véritable engouement parmi les électeurs. Manifestement, les Français n'étaient pas du tout prêts pour ce genre de révolution dans la façon de penser travail et revenu. Le gouvernement de la Finlande, en revanche, s'apprête à se lancer dans l'expérimentation d'une forme de revenu universel – et il ne s'agit pas d'un gouvernement d'extrême gauche, brandissant faucille et marteau, mais d'un gouvernement modéré, de centre-droit !

Certains penseront que le revenu universel est une utopie, d'autres que c'est une aberration, voire une menace pure est simple pour l'ordre social. Il est difficile de prédire ce que cela donnera et, de toute façon, une telle initiative n'aurait pas d'effets univoques : ce serait une aubaine pour les fainéants et la possibilité de se lancer pour ceux qui ont une âme d'entrepreneurs. Ce serait donc dans la mentalité des citoyens que se trouverait la clé pour faire du revenu universel une initiative vertueuse plutôt qu'un pas vers l'assistanat généralisé.

Mais ce qui est vraiment intéressant, c'est que cette initiative traduit une prise de conscience générale que la solution du salariat ne tiendra plus longtemps, et qu'il faut dorénavant privilégier et développer un concept aussi révolutionnaire que rempli de bon sens : celui du travail choisi. Le travail choisi, c'est la vraie richesse. Se dégager du temps libre pour vivre sa vie comme on l'entend, se rendre utile à la société et au monde à sa façon, c'est la clé de l'épanouissement, que l'on choisisse de s'occuper de ses enfants, de ses proches, de son quartier, de son environnement, de jardiner, de s'investir dans une association, de voyager, d'écrire, de faire de l'art ou... de créer une entreprise qui nous tient à cœur !

Quel que soit l'avenir du revenu universel, ce qui est certain c'est que la notion de travail et de temps en contrepartie d'un salaire connaitront de fortes mutations à l'avenir. Autant s'y préparer et commercer à réfléchir différemment dès maintenant en quittant la mentalité du salariat.

• Dépasser le clivage vie privée – vie professionnelle

Il n'en reste pas moins que certains salariés consacrent beaucoup d'énergie dans leur travail jusqu'à se sentir investis d'une mission. En effet, certaines entreprises arrivent encore à offrir une chose aussi rare que belle : un job passionnant. C'est notamment le cas chez les cadres qui se voient attribuer des responsabilités un peu plus gratifiantes et stimulantes que pour la majorité des salariés.

Selon une étude OpinionWay réalisée auprès de 1 000 salariés en juillet 2015[1], huit cadres sur dix sont en surcharge de travail. Pour en venir à bout, ils mêlent vie professionnelle et vie privée. Mais avec le sourire : plus de la moitié d'entre eux considèrent leur job comme un plaisir.

Vérifier ses emails, confirmer ses rendez-vous, relire les dossiers importants. C'est presque un rituel du coucher pour certains. Ils sont 46 % à consulter tous les soirs ou presque leur messagerie professionnelle, contre seulement 24 % pour les autres salariés. Ils sont aussi plus nombreux à avouer avoir du mal à décrocher en rentrant chez eux. Un tiers d'entre eux continue même à travailler le week-end et pendant les vacances. Ils y sont bien obligés, puisqu'ils sont plus souvent confrontés à une surcharge de travail : de temps en temps pour 50 % d'entre eux, régulièrement pour 30 %.

Si les cadres travaillent autant, c'est, pour la majorité d'entre eux, parce qu'ils sont passionnés. Le travail est un plaisir pour 56 % des cadres : leur métier les intéresse, leurs missions les enrichissent. Un plaisir tel qu'ils en deviennent accros. Ils ont

1. OpinionWay, La question RH du mois : « Les salariés français, la charge et l'addiction au travail », Sondage MediaRH.Com – OpinionWay, juillet 2015.

même besoin du stress qui en découle, une adrénaline nécessaire à 59 % d'entre eux pour bien travailler. De leur côté, la moitié des non-cadres considèrent leur job comme une contrainte ou un simple moyen de gagner sa vie.

Nul besoin, donc, de tirer la sonnette d'alarme. Les cadres ne sont pas plus en situation d'épuisement professionnel que les autres. Logique : plus on va au travail par plaisir, moins on a de chance de faire un burn-out, à en croire les résultats de l'étude. Et puis, ce n'est pas leur travail qui les empêche de vivre pleinement leur vie privée : 71 % des cadres assurent avoir un bon équilibre vie personnelle/vie professionnelle. Tout va bien donc. Enfin, surtout pour cette population de salariés… très minoritaire dans les entreprises.

Une clé essentielle pour parvenir à s'épanouir dans sa vie, c'est de se défaire de cette autre croyance limitante selon laquelle la vie privée et la vie professionnelle doivent être tenues totalement à distance l'une de l'autre. Cette croyance suppose que la vie professionnelle est une menace pour la vie privée, qui doit donc en être préservée. Si l'on subit son travail, si l'on considère que c'est effectivement une souffrance nécessaire, on comprend aisément que l'on ait envie de préserver une partie de sa vie de cette réalité nocive. Au contraire, si nos projets professionnels nous épanouissent, si l'on a renoncé au « travail » pour embrasser l'effort agréable et intelligent, il n'est plus besoin de protéger notre vie de notre travail. Les deux se trouvent au contraire en parfaite synergie.

Richard Branson, célèbre patron de Virgin (entre autres), doté d'une force de travail et d'un esprit visionnaire manifestement hors normes, est emblématique de cette façon de penser la vie privée et la vie professionnelle de façon synergétique.

Contrairement à beaucoup d'autres dirigeants, il ne cherche pas à impressionner ses salariés ni le reste du patronat en expliquant qu'il travaille 15 heures par jour et que cette force de travail est la principale raison de son succès. Au contraire, il passe son temps à se mettre en scène en train de s'amuser et de vivre de ses passions. L'équilibre vie-travail est le sujet sur lequel il est le plus souvent interrogé lors des conférences qu'il donne : il explique à chaque interview qu'il n'y a tout simplement aucune séparation entre la vie et le « travail » – c'est un ensemble, c'est *la vie*.

Récemment, la compagnie aérienne Virgin America a décidé d'ouvrir une liaison entre San Francisco et Hawaï. Ses dirigeants étaient convaincus que les habitants de la Silicon Valley avaient besoin d'aller se détendre sur cette île mythique, symbole du surf et de la « cool attitude ». Cette ligne n'existait pas jusqu'alors et lorsque Virgin a lancé sa communication sur son ouverture avec le slogan : « Work Hard, Hawaii Hard », 65 000 personnes se sont inscrites pour en savoir plus ! Toutes ont exprimé leur besoin de s'échapper de leur vie quotidienne, uniquement rythmée par le travail.

Richard Branson explique que sa philosophie de management est de traiter les gens comme des humains, non comme des ressources. Il croit personnellement et profondément à l'importance de l'équilibre entre la vie – le plaisir – et le travail. Il est le premier à reconnaître que bien qu'il travaille « dur », il trouve aussi du temps pour faire du kitesurf, jouer au tennis, passer du temps avec sa famille et même s'amuser à tourner des clips vidéos dans lesquels il imite le héros de la série *Magnum*.

Abandonner la distinction entre vie professionnelle et vie privée

J'adhère à la conviction de Branson qu'il n'y a tout simplement aucune séparation entre la vie et le travail et que les deux constituent un ensemble que l'on appelle la vie. J'ai eu l'occasion d'exprimer publiquement mon opinion dans un article que j'avais partagé sur les réseaux sociaux à la suite d'un événement qui avait bouleversé ma vie : la naissance de ma fille. Cet article s'intitulait : « Séparer vie personnelle et vie professionnelle est un mythe. Et c'est old school. ». L'événement formidable que je venais de vivre avec mon épouse me remplissait de fierté et d'humilité.

Et j'entrevoyais l'immense défi et l'immense responsabilité que constituait le fait d'être père.

Quelques années après, cela a effectivement changé ma vie et je suis dorénavant préoccupé par le fait de donner à ma fille les meilleures chances de pouvoir vivre ses rêves et trouver le bonheur. Cela nécessite beaucoup de travail, de patience, de passion et de vision. Cela demande de la lucidité pour reconnaître régulièrement mes erreurs en matière éducative et les corriger pour son bien. Toutes ces qualités qui m'aident à être père, c'est dans la poursuite de mes projets professionnels que je les d'abord découvertes et développées.

Ce que j'y ai appris en matière d'objectifs, de gestion du temps et surtout d'importance de mettre du cœur à l'ouvrage, m'a été utile dans mon projet familial. Et de façon complémentaire, ce que j'apprends chaque jour au contact de ma fille, ou dans les relations parentales que je développe avec mon épouse et toutes les autres personnes impliquées dans l'éducation de ma fille m'est également bénéfique dans mes expériences professionnelles.

La vie doit être vécue comme un tout, comme un ensemble. C'est la raison pour laquelle je ne vois pas pourquoi il devrait y avoir de frontières entre la vie personnelle et professionnelle. A mon avis, l'arrivée de ma fille ne remplacera pas mes envies professionnelles. Et mes ambitions professionnelles ne pourront pas non plus surpasser mon désir de passer du temps de qualité avec elle pour qu'elle se sente aimée et importante. Trouver le bon équilibre n'est pas qu'une question d'aménagement des plages horaires dans l'agenda. Ce sera plutôt une affaire de jugement pour déterminer quand un sujet doit prendre le dessus sur l'autre. Et cela peut changer tous les jours tant que l'on garde à l'esprit que les deux sont importants et nécessaires.

Le but de la vie devrait être d'y prendre du plaisir chaque minute en faisant ce que nous aimons et ce qui nous semble important; ce qui nous tient à cœur, ce à quoi nous tenons. Que ce soit dans notre famille ou dans notre quotidien professionnel, le succès repose sur la cohérence de nos actions pour mériter en tout temps la confiance de ceux qui nous entourent.

Alors pourquoi donc séparer nos vies personnelles et professionnelles ? Qu'on le veuille ou non, nous vivons désormais à l'époque des réseaux sociaux et de la transparence. Si le succès s'est toujours construit sur le fondement de la confiance mutuelle, que ce soit en famille ou en entreprise, pourquoi devrions-nous cacher ce qui se passe dans nos vies à notre femme, nos associés, nos enfants ou nos collègues ?

Ne rien avoir à cacher est une des clés du succès et de la paix intérieure. Être fier de ce que nous faisons tous les jours dans nos vies professionnelles et personnelles est une bonne façon de mesurer le succès que nous avons atteint et que nous vivons. Alors ? Avons-nous des choses à cacher ? Agissons-nous parfois de façon honteuse, à tel point que nous ne pourrions pas le dire publiquement ? Bien sûr, personne n'est parfait, mais nous devrions tenter de nous débarrasser autant que possible de ces comportements qui sont néfastes pour nous et notre entourage et dont nous ne sommes pas fiers. Il est devenu presque impossible de cacher quoi que ce soit sur le long terme. Inutile pour le prouver de citer tous les exemples quotidiens de nos personnalités publiques qui tombent chaque jour dans ce piège.

Pouvoir partager ouvertement ce que nous vivons chaque jour est exigeant mais c'est un beau challenge. Cela permet de construire la confiance qui conduit vers un succès global et entier, vers une vie excitante et paisible à la fois.

Riches sont ceux qui construisent leurs vies et leurs réputations à la lumière du monde. Ils vivent en paix parce que ce qu'ils laissent derrière eux repose sur le solide rocher de la confiance exprimée par ceux qui partagent et qui sont les témoins de leurs vies quotidiennes.

• Lancez-vous !

J'espère que ces quelques lignes seront à même d'insuffler en vous une motivation nouvelle pour vous lancer dans des projets épanouissants et construire une vie libre. Le fait de vous lancer va nécessiter des ajustements dans votre vie, voire des choix radicaux. Vous allez peut-être vous retrouver face à la nécessité de quitter votre job pour vous consacrer à ce qui compte pour vous. Je sais que pour certains d'entre vous, le pas ne sera pas facile à franchir. Un levier pour vous y aider sera de considérer avec attention les bonnes raisons que vous avez de le faire. Ce faisant, vous allez petit à petit accroître votre conscience de l'urgence qu'il y a à vous lancer, jusqu'au moment ou plus rien ne vous retiendra.

Quitter son job pour en trouver un nouveau mieux rémunéré ? C'est sûr. Quitter son job pour une belle opportunité ? Absolument. Il existe beaucoup d'autres raisons valables pour quitter son travail (une fois que vous avez quelque chose d'autre dans les tuyaux, bien sûr). En vérité, toutes peuvent être regroupées dans une seule et même catégorie :

La vie est trop courte !

La vie est trop courte pour rentrer, tous les jours, frustré à la maison. La vie est trop courte pour travailler avec un patron insupportable. La vie est trop courte pour rentrer chez soi avec le sentiment de ne pas être pris au sérieux, d'être manipulé et utilisé.

La vie est trop courte pour ne pas être aussi heureux que vous pourriez l'être.

Imaginez que, devenu adulte, votre enfant vous appelle pour vous dire : « Je déteste mon travail. Je m'ennuie, je n'ai aucune perspective d'évolution et je suis complètement frustré.e. » Ne lui diriez-vous pas de chercher un autre travail ? Ne devriez-vous pas suivre le même conseil ? Voici donc quelques bonnes raisons pour commencer à chercher quelque chose de plus enrichissant.

Votre contribution est sous-estimée… voire non désirée

Tout le monde a des idées. Et tout le monde aime que ses idées soient prises au sérieux et mises en application. Le sentiment ressenti est alors extrêmement gratifiant.

Mais lorsque votre chef ou votre société démonte ou même ridiculise vos idées, c'est à la fois insultant et démotivant ; et cela peut même avoir des conséquences psychologiques graves. Vous finissez par vous dire : « À quoi bon se donner de la peine dans son travail ? » Au fond, cela vous fait mal et, pour vous protéger, vous finissez par lâcher-prise et n'en avoir plus rien à faire. Vous perdez l'intérêt que vous aviez pour votre activité.

La vie est trop courte pour passer ton temps sur des sujets ou des projets sans intérêt !

Vous êtes critiqué publiquement

Nous avons tous besoin d'être recadrés de temps à autre, pour apprendre et progresser. Une critique constructive est dépourvue d'attaque personnelle. Elle s'efforce d'être objective et nous pousse à aller de l'avant, à faire mieux, à nous dépasser. Lorsqu'il est collectif, l'examen critique est un effort d'analyse auquel tous les membres du groupe participent. Mais les sous-entendus, les attaques publiques, les humiliations répétées, le dénigrement… sont le signe d'un manque profond de considération et doit vous pousser à envisager sérieusement un changement.

La vie est trop courte pour vivre dans l'attente de la prochaine critique publique qui tourne souvent à l'humiliation.

Vous n'entendez jamais le mot : « merci »

Tout le monde a besoin de mots d'encouragement et d'appréciation. Nous avons tous besoin de savoir quand nous avons fait quelque chose de bien. Et il arrive à tout le monde de faire de bonnes choses même aux moins bons performeurs. En fait, la reconnaissance, les encouragements et le fait de dire merci ont un impact sur la performance. Aussi incroyable que cela puisse paraître, un performeur moyen ou une personne en difficulté dans l'accomplissement de ses tâches trouvera dans un « merci », une manifestation de reconnaissance et un encouragement bienveillant qui deviendra une ressource pour améliorer sa performance.

Si vous n'entendez jamais le mot « merci » ni des formules d'encouragement ou de reconnaissance, c'est probablement que votre contribution n'est pas perçue à sa juste valeur. À quoi bon continuer à évoluer dans un tel environnement ?

La vie est trop courte pour ne pas être reconnu lorsque vous contribuez positivement à un projet ou une entreprise.

Votre responsable manage vers le haut et pas vers le bas

Vous connaissez ce genre de manager qui concentre toute son attention à se faire bien voir par son propre chef au travers de *reportings* en tous genres. Il vous semble parfois que votre seul rôle est de contribuer à son avancement car il s'attribue tout le mérite du travail réalisé par l'équipe. Un vrai leader sait parfaitement que si son équipe réussit, c'est à chacun de ses membres qu'elle le soit, et il pourra alors considérer avoir bien rempli sa mission de manager.

La vie est trop courte pour sacrifier son temps et son énergie à la progression d'un « petit chef ».

Vous avez le sentiment de ne pas avoir de but

Tout le monde apprécie de pouvoir contribuer à quelque chose de plus grand que soi. Tout le monde aime avoir un impact positif non seulement sur les résultats mais aussi sur la vie des autres. Alors si vous vous demandez chaque jour pourquoi vous faites ce que vous faites, que votre activité vous semble être devenue absurde et dénuée de sens, si vous avez l'impression que votre gagne-pain ne fait la différence dans la vie de personne, il est temps d'envisager un changement.

La vie est trop courte pour rentrer chaque jour chez vous en vous disant que vous avez simplement travaillé... mais que ce que vous avez accompli n'a aucun sens pour vous.

Vous avez le sentiment de n'être qu'un numéro

Tout le monde préfère travailler pour un peu plus qu'une simple paye. Nous voulons travailler avec des personnes que nous respectons et admirons... et nous voulons être respectés et admirés en retour.

Si votre chef ne s'arrête pas de temps en temps pour vous demander comment va votre famille, engager une discussion informelle, vous demander si vous n'avez pas besoin d'aide ou tout simplement pour vous dire un mot gentil... alors vous n'êtes qu'une simple pièce dans le rouage d'un système inhumain, un pion que l'on utilise et que l'on peut remplacer.

Vous n'avez même aucune envie d'aller travailler

Tous les boulots ont des mauvais côtés. Je suis prêt à parier que même Richard Branson doit parfois effectuer des tâches qu'il n'aime pas. Mais tous les boulots doivent aussi avoir des moments de fun, des moments d'adrénaline forte et de challenges excitants. Mais si de nombreux aspects de votre travail vous inspirent comme réflexion : « en fait, je m'ennuie... », c'est sans doute qu'un changement s'impose.

La vie est trop courte pour se languir uniquement que la journée se termine.

Vous n'avez pas de perspective d'avenir

Tout travail doit conduire à quelque chose : une promotion, l'opportunité de prendre de nouvelles responsabilités, l'acquisition de nouvelles compétences, un nouveau défi à relever... Vous devez être convaincu que l'avenir à quelque chose de meilleur en réserve pour nous.

Un bon patron travaille à l'amélioration de sa société. Un bon patron travaille également à l'amélioration de ses employés pour qu'ils fassent partie d'une histoire plus belle et plus grande en en retirant aussi des bénéfices personnels.

La vie est trop courte pour vivre sans espoir ni perspective.

Vous pensez ne rien pouvoir faire d'autre

C'est la plus fréquente mais aussi la meilleure raison pour quitter son emploi. Je sais ce que vous vous dites, « Je ne retrouverai pas les mêmes conditions de salaire ailleurs » ou, « il y a peu d'emplois dans ma région », ou encore, « j'ai consacré trop d'efforts et de temps pour cette société (ou ce poste ou cette industrie) pour changer maintenant. »

Ces arguments ne sont valables que si vous les laissez devenir une vérité. Vous pouvez faire quelque chose de différent. Vous pouvez même faire beaucoup d'autres choses. Vous devez simplement y croire, avoir confiance dans votre capacité à être créatif, et être persévérant. Vos efforts vous conduiront alors vers plus de bonheur, de liberté et de satisfaction.

La vie est trop courte pour rester à la même place sans faire tout ton possible pour vivre une vie meilleure et plus riche de sens.

Exercices

Les croyances limitantes

Nous avons tous des croyances qui nous limitent et nous empêchent de réaliser les projets qui nous tiennent véritablement à cœur.

Prenez quelques minutes pour identifier et noter les pensées et les croyances qui vous retiennent de vous lancer dans un projet épanouissant ou de faire un choix radical de changement de vie.

....

....

....

....

....

Rappelez-vous qu'aucune de ces raisons n'est vraiment ou immuablement valable. Si vous les prenez une par une et que vous vous mettez à y réfléchir vraiment, vous réaliserez qu'il s'agit là de mauvaises excuses.

Les bonnes raisons de quitter votre job

Faites le bilan de votre expérience de travail aujourd'hui en répondant aux questions suivantes :

- Mes idées et propositions sont peu prises en compte : VRAI / FAUX
- Je fais l'objet de critiques récurrentes / publiques : VRAI / FAUX

- J'entends trop rarement merci ou d'autres mots d'encouragement : VRAI / FAUX
- Mon manager est plus préoccupé par son avancement que par son équipe : VRAI / FAUX
- J'ai l'impression que mon travail est dépourvu de but ou de sens : VRAI / FAUX
- Au boulot, personne ne se préoccupe de moi ou de comment je vais : VRAI / FAUX
- Je vais au travail à reculons. Toutes mes tâches sont devenues des corvées : VRAI / FAUX
- Je n'ai aucune perspective d'avenir ou de promotion dans mon entreprise : VRAI / FAUX
- J'ai le sentiment que je serais incapable de me reconvertir : VRAI / FAUX

Si vous avez coché « Vrai » à l'une de ces questions, c'est une raison suffisante pour vous lancer dans de nouveaux projets !

2.

Devenir entrepreneur

• D'où je parle

J'espère que la lecture de ce premier chapitre vous a poussé à vouloir entreprendre des changements forts dans votre vie. Je vous le souhaite sincèrement, car je crois qu'il est toujours possible de faire mieux en donnant plus de sens à nos actions.

Mais j'ai aussi conscience que mes propos volontairement provocateurs peuvent déranger nos esprits formatés « à la française ». La plupart du temps, malgré la forte attraction que peut procurer l'espoir d'une vie meilleure, l'esprit résiste. Le doute viendra et cherchera à vous convaincre de rester dans votre zone de confort. Vous trouverez aussi de nombreuses bonnes raisons de ne rien changer du tout. Mais ne vous inquiétez pas. Nous allons continuer à explorer dans les prochains chapitres les méthodes qui vous permettront de transformer votre vie. Si vous les appliquez pas à pas, vous y parviendrez. Souvenez-vous seulement que tout se joue dans votre tête.

À ce stade, l'une des raisons susceptibles de limiter votre croyance dans votre capacité à transformer votre vie, pourrait me concerner. Vous pourriez vous dire que je n'ai aucune légitimité pour vous parler de ces sujets. Vous l'avez certainement déjà pensé pendant le premier chapitre : « Encore un gars qui veut nous faire croire qu'on peut changer sa vie alors qu'on voit bien qu'il est né avec une cuillère d'argent dans la bouche ! Le type est un cliché ambulant. Il nous parle de maison en Provence, d'appartement sur la Côte d'Azur, de femme de ménage et de copain venant des quartiers Nord de Marseille… »

Vous avez raison sur un point, je ne suis probablement pas la personne la plus légitime pour vous parler de changement et de réussite. La notion de réussite est très relative et je n'ai rien accompli d'incroyablement spectaculaire. Beaucoup de gens pourraient en parler mieux que moi.

Il me semble donc pertinent que vous me connaissiez un peu mieux. Dans ce chapitre, vous en apprendrez plus sur mon parcours professionnel et mon cheminement personnel.

Si cela ne vous intéresse pas du tout, vous êtes tout à fait libre d'aller directement aux chapitre 3 et suivants pour découvrir les méthodes que vous pourriez immédiatement mettre en application dans vos vies. Je ne suis pas susceptible, vous avez parfaitement le droit de ne pas vous sentir concerné par mes expériences.

Je veux quand même que vous sachiez que je suis parti de zéro. Enfin, ce n'est pas tout à fait exact… Je suis parti de 3 000 € lorsque je me suis marié à 24 ans. C'était l'argent de ma femme et il a vite disparu pour servir d'apport dans l'achat à crédit de notre première voiture, une Renault Mégane.

Alors maintenant, vous vous dites : « Le gars est fou, il s'est marié à 24 ans ! Qui fait cela de nos jours ! ». Je vous rassure, je ne vais pas vous expliquer que c'est une condition de la réussite. Mais il est vrai que ma force à l'époque aura été dans ma capacité à m'engager, à décider et prendre mes responsabilités.

Pourtant, ma jeunesse ne me prédestinait pas du tout à développer ce genre de comportement. J'ai grandi en Provence, dans une famille de quatre enfants dont j'étais l'aîné. Là encore, vous pourriez croire qu'être l'aîné de quatre enfants est une excellente école pour apprendre le leadership et l'engagement. Ce n'était pas évident à l'époque.

Mon père était cadre moyen dans une banque, et ma mère s'est arrêtée de travailler pour s'occuper de ses trois premiers enfants qui avaient alors entre 0 et 4 ans. Une famille de la petite classe moyenne qui aura réussi à acheter une première maisonnette de lotissement lorsque j'avais 12 ans, après une première période de vie dans des résidences HLM. Je n'étais pas malheureux. Nous ne manquions de rien. Nous pouvions pratiquer quelques loisirs simples. Enfant, j'ai pratiqué le foot avant de me mettre à l'athlétisme et je faisais du vélo avec mes copains dans la rue, devant chez moi. J'ai eu la chance d'avoir des parents qui voulaient notre bien et qui ont fait de leur mieux pour nous éduquer avec leurs valeurs et leur vision du monde. Finalement, une famille normale avec pour seul luxe une grande stabilité: une vie bien routinière, des parents bienveillants, ne prenant aucun risque financier pour ne pas déstabiliser leur équilibre de vie précaire ni menacer une situation économique somme toute fragile.

Adolescent, comme beaucoup d'entre nous, j'étais très mal dans ma peau: pas très grand, pas très beau, beaucoup d'acné, pas spécialement gâté. J'avais bien quelques facilités à l'école mais pendant les années de collège et de lycée, j'ai préféré faire le guignol pour être apprécié par mes camarades et compenser ainsi mes complexes.

À l'âge de 16 ans, j'ai commencé à me montrer insoumis, insolant et je provoquais systématiquement les détenteurs de l'autorité. J'allais parfois très loin dans la provocation, que ce soit avec mes parents ou mes professeurs. Ne me demandez pas pourquoi, c'était une époque où je ne savais pas qui j'étais, ni où j'allais et rien n'avait d'importance à mes yeux. À la fin de mon année de 1ère en section économique et sociale, je suis passé de justesse en terminale avec l'appréciation suivante du conseil de classe : « des possibilités gâchées par une totale désinvolture. » Mon entourage ne savait plus comment gérer mon comportement.

À l'été 2001, juste après avoir fêté mes 17 ans, j'ai été invité aux États-Unis par une famille américaine qui avait vécu dans mon village pendant quelques années. À l'époque, ils avaient sympathisé avec mes parents et ils continuaient de se donner des nouvelles de temps en temps. Avec le recul, je me dis que cette invitation n'était pas un hasard. Mes parents avaient dû leur dire à quel point ils ne savaient plus quoi faire de moi. Le père de cette famille américaine était un businessman et il voyageait beaucoup. Lors de ses déplacements, il accumulait des « miles » qu'il pouvait ensuite reconvertir en billets d'avion pour les offrir. J'ai donc bénéficié de ce billet offert et suis resté trois semaines chez eux.

Le séjour fût très agréable et j'ai bien sûr eu l'occasion de faire un tas d'activités sur place. J'étais dans un petit bled de l'Ouest Américain qui s'appelait Providence (ce n'est pas une blague). Rapidement, l'information avait circulé qu'un jeune français était présent. Pour eux, j'étais une sorte d'attraction avec un accent exotique. J'ai dû me débrouiller pour communiquer avec les autres jeunes de mon âge présents dans le quartier. Personne ne parlait français sur place. En quelques semaines seulement, j'ai été impacté par cette capacité qu'ont les Américains à transmettre leur culture, leur vision et leur conviction quant à l'importance de se fixer des objectifs dans la vie. C'était peut-être le simple fait d'avoir complètement changé d'environnement, mais j'avais repris confiance en moi et en mes capacités à faire de ma vie quelque chose de bien.

L'année suivante, en terminale, j'ai redressé la barre au niveau scolaire. Mais il était trop tard. Malheureusement, les dossiers pour faire des demandes d'intégration aux différents cursus que je visais étaient basés sur les bulletins de notes et les appréciations de l'année de première… J'étais grillé partout, ou bien centième sur la liste d'attente. Par défaut, j'ai failli partir à la faculté dans une voie de garage comme tant d'autres jeunes de mon âge qui ne savaient pas encore quoi faire de leur vie.

Par chance, mon père a un jour entendu à la radio qu'il existait une petite école de commerce et de gestion située à Avignon pas très loin de chez nous. C'était payant mais mon père était prêt à consentir un gros sacrifice pour ne pas m'envoyer à la fac car il savait que j'allais me vautrer si je n'étais pas encadré. L'accès à l'école se faisait sur dossier mais aussi sur concours avec des épreuves écrites et orales. L'oral m'a permis de justifier mes erreurs de jeunesse et de démontrer mon changement d'état d'esprit.

Ce fût le début d'une révélation. J'étais passionné par les matières liées au monde de l'entreprise. En deuxième année, j'ai choisi la voie de l'apprentissage et l'école m'a trouvé une alternance dans une société de transport routier avec une mission dans l'audit financier et le contrôle de gestion. Ce n'était pas un job de rêve mais il fût très formateur et j'ai eu la chance d'avoir un tuteur qui me faisait confiance et me donnait des responsabilités.

Deux années plus tard, je termine major de promotion. Un vrai miracle quand vous savez que personne n'aurait misé un euro sur vous quelques années auparavant. Plutôt que d'enchaîner sur un master dans une école supérieure de commerce, je suis parti deux années en Angleterre. Pendant cette période, j'ai habité dans cinq villes différentes et enchaîné des collocations avec des Américains, des Italiens, des Anglais, et même un Ukrainien, un Albanais et un colosse des îles Tonga. L'immersion dans un nouvel environnement m'a encore beaucoup appris et apporté. Je me suis débrouillé et j'ai autofinancé mon séjour grâce aux économies réalisées pendant ma période d'apprentissage et mon travail. Cela m'a permis de réaliser un premier rêve: être au contact d'autres cultures en rendant des services civiques dans le cadre d'une mission bénévole pour le compte d'une association cultuelle.

Mes premiers pas vers l'indépendance financière

À mon retour d'Angleterre, j'ai commencé à travailler dans un cabinet d'expertise comptable et de commissariat aux comptes dont une des spécialités était la comptabilité et la fiscalité immobilière en location meublée. A 24 ans, je me suis marié et j'ai repris des études à la faculté d'économie appliquée d'Aix-en-Provence tout en travaillant. J'ai obtenu un master en comptabilité, finance, fiscalité et patrimoine et j'ai investi dans mon premier appartement qui constituait notre résidence principale.

À 25 ans, j'ai fait mon premier investissement sur moi-même. Au-delà des diplômes, j'ai commencé à lire et étudier des ouvrages de développement personnel. Il y en a un en particulier qui m'a profondément marqué: *Pouvoir Illimité* du coach en PNL (Programmation Neuro Linguistique) Anthony Robbins.

Puis j'ai obtenu des agréments réglementaires nécessaires à l'exercice de la profession de conseiller en gestion de patrimoine: Carte de transactions sur immeubles et fonds de commerce, intermédiaire en opérations de banque et services de paiements, intermédiaire de conseil en assurances et enfin le titre de conseiller en investissements financiers. J'ai donc créé ma première entreprise pour pouvoir faire du conseil en fiscalité et en investissements. Lors de cette première année en tant qu'entrepreneur, j'avais pris un risque très mesuré puisque j'avais conservé mon job salarié en parallèle. À 26 ans, j'avais triplé mes revenus et je démissionnai de mon emploi salarié. J'avais renforcé ma conviction que tout était possible et que cela peut aller très vite quand on met en place les bonnes actions avec les bonnes stratégies et lorsque l'on s'entoure des bonnes personnes avec le bon état d'esprit.

À 28 ans, je suis confronté à mon premier gros dilemme d'entrepreneur. Alors que mes bénéfices approchaient les 6 chiffres, un nouveau projet d'investissement immobilier s'offre à nous. Mais voilà… malgré de beaux résultats, la banque ne me finance pas les 500 000 euros dont j'ai besoin en raison de la jeunesse de ma société. Ne voulant pas rater cette opportunité, je confie la gestion de la société à un proche et je me fais violence pour accepter un poste salarié dans une banque privée en tant que conseiller patrimonial affecté à la clientèle soumise à l'impôt sur la fortune. Avec mes fiches de paie et les bilans de ma société dont j'avais délégué la gestion tout en restant l'actionnaire principal, je satisfaisais pleinement les exigences des banques pour obtenir un prêt immobilier et j'ai pu réaliser cette nouvelle opération.

Ce qui n'était pas prévu, c'est qu'on me propose de réaliser un autre investissement immobilier, six mois plus tard. Cette fois, il s'agissait d'exploiter un appartement en bord de mer en location courte durée. Grâce aux compétences que j'avais développées et à force d'entendre mes riches clients me raconter comment ils avaient structuré leur patrimoine, je pouvais appliquer ces conseils dans ma propre vie.

Vous comprenez maintenant comment j'ai pu quitter le job auquel je faisais référence dans l'introduction de ce livre. En réalité, pendant les deux années et demi que j'avais passé dans la banque privée en tant que salarié, certains revenus automatiques : loyers, honoraires et commissions, continuaient de tomber dans ma société. Grâce à la trésorerie accumulée pendant cette période, j'ai investi 25 000 € dans un mastère spécialisé en « International Wealth Management » (Expert en ingénierie patrimoniale internationale) obtenu auprès de la prestigieuse école de commerce parisienne ESCP Europe.

Ce n'est que le début

Fort de ce nouveau diplôme et de mes expériences professionnelles, j'ai créé début 2016 une deuxième société dans le conseil en gestion de fortune. Depuis, je fréquente les notables et navigue dans des sphères sociales très éloignées de mes origines. Mais je n'ai pas changé. Je sais parfaitement d'où je viens. Au fond de moi, je veux continuer à apprendre et à apporter de la valeur aux autres, qu'ils soient riches ou moins riches. J'ai juste eu la chance de comprendre mes forces et mes faiblesses, puis de me concentrer sur les sujets qui me passionnent.

À présent, vous me connaissez mieux. Je suis un gars normal de 34 ans qui travaille intelligemment pour créer sa chance chaque jour. Ce n'est que le début de mes aventures. Mais il ne s'agit pas de moi car maintenant j'ai compris comment créer de la valeur. Je peux reproduire le schéma et l'appliquer à la réalisation de n'importe lequel de mes objectifs dès lors qu'ils sont suffisamment ancrés en moi. Il existe de très nombreuses voies possibles pour se créer un avenir enrichissant dans tous les sens du terme.

• Modifier son rapport à l'argent

Rares sont les personnes qui admettront qu'elles aiment l'argent ou qui vous diront sans honte que leur objectif est de devenir riche. Mais avez-vous des amis qui vous ont déjà dit que leur objectif est de devenir pauvre ?

La vérité, c'est que la plupart des gens, même s'ils ne l'assument pas, aspirent au fond d'eux à plus de prospérité et de confort matériel. Quels que soient vos rêves ou vos centres d'intérêts, il vous faudra toujours un minimum d'argent pour y accéder.

Qu'est-ce qui empêche certains d'assumer ce fait ? Je déduis des observations que j'ai pu faire de différents types de personnes qui se disent désintéressés par l'argent, qu'elles ont vraisemblablement l'une ou plusieurs des caractéristiques suivantes :

- elles ont peur de l'argent,
- elles ont peur des responsabilités associées à l'argent,
- elles ont peur de perdre ou de trahir leurs valeurs morales et familiales,
- elles sont persuadées qu'elles n'auront jamais d'argent et que la richesse n'est pas pour elles parce qu'elles n'ont jamais été prospères.

Le premier frein au fait de gagner de l'argent, c'est donc la peur. La peur est un mécanisme de survie archaïque et très efficace : il permettait à nos ancêtres de fuir les situations de danger immédiat et les poussait à prendre des décisions judicieuses quant à ce qu'ils allaient manger, où ils allaient dormir, avec qui ils allaient s'allier. Mais aujourd'hui, dans un environnement plus complexe où nous sommes physiquement en sécurité, la peur se retourne souvent contre nous en nous faisant agir contre nos intérêts. Ceci est en grande partie dû au fait que ce ne sont plus tant des dangers physiques immédiats qui génèrent la peur au quotidien, mais des croyances que nous entretenons sur le monde, les gens et les choses qui nous entourent. On ne le répètera jamais assez : il est essentiel de se débarrasser de nos croyances limitantes ! À commencer par celles qui concernent l'argent et la richesse : « l'argent c'est mal », « l'argent c'est immoral », « l'argent corrompt ».

À mon avis, rien n'est plus simple que de se débarrasser de ce type de croyances. Il suffit d'observer les faits pour modifier légèrement nos croyances vis-à-vis de l'argent. L'argent n'est ni bon ni mauvais. En fait, de façon assez paradoxale, l'argent n'a pas de valeur en soi. Il est ce que l'on en fait.

On peut développer l'éducation, la santé, les loisirs, les relations entre les gens et tout un tas de technologies qui améliorent le quotidien de chacun d'entre nous grâce aux entreprises et aux projets que l'argent finance. On peut aussi en faire de très mauvais usages qui abîment l'environnement, détruisent les vies humaines et animales et, en fin de compte, menacent le système économique qui nous a permis de prospérer pendant si longtemps.

En effet, si l'appât du gain peut nous conduire au pire, le désir de confort et de progrès matériel qui accompagne le désir d'argent a permis aux hommes tout au long de l'histoire de nouer des relations durables : le commerce est un instrument sans égal pour maintenir la paix entre les peuples et les contrats économiques sont fondamentalement des moyens de relier entre eux des gens dans une perspective de contribution mutuelle. Au contraire, les conflits entre les États ou entre des populations concurrentes commencent souvent par des mésententes économiques et financières. Comment a-t-on retrouvé une paix durable en Europe après la Deuxième Guerre mondiale ? En nouant des relations économiques privilégiées entre la France et l'Allemagne.

Si l'on zoome maintenant sur les individus, on se rend compte que la croyance selon laquelle l'argent corrompt est entièrement fausse. L'argent ne corrompt pas, car il est amoral. L'argent se contente de révéler ce qu'il y a dans nos cœurs. Il libère nos désirs, nos envies, nos ambitions et celles-ci peuvent être aussi bien sordides que nobles. En fait, la façon dont nous utilisons notre argent reflète nos désirs profonds. Et si vous avez peur d'avoir de l'argent, c'est qu'au fond vous avez peur de ce que l'argent vous ferait faire...

Que désirez-vous ?

Alors voilà mon conseil pour ne plus avoir peur de l'argent : questionnez vos désirs. Posez-vous la question de savoir ce que vous voudriez faire si vous étiez complètement libre. Et assumez vos désirs profonds. Il y a de fortes chances pour que, si vous grattez un peu pour aller au-delà de la surface, vous découvriez que la plupart de vos désirs sont en fait en accord avec vos valeurs et que vous gagneriez à les réaliser. Explorer ses motivations profondes est en fait extrêmement important pour devenir entrepreneur. Ces motivations profondes peuvent être variées et concerner des aspects différents de la vie, des plus futiles en apparence, aux plus sérieux.

En ce qui me concerne, ils impliquent le fait de fonder une famille, de voyager, d'acquérir en permanence de nouvelles compétences et une certaine liberté matérielle. Cela n'aura peut-être aucun sens pour vous mais je me suis toujours mis en tête que j'aurais l'occasion de vivre avec ma famille sur chaque continent au cours de ma vie. Ensuite, j'aimerais passer tous les permis de conduire : voiture, moto, bateau et à l'avenir avion, hélicoptère, poids lourds... Ne me demandez pas pourquoi, c'est ancré en moi. Je veux maîtriser la langue allemande pour gommer la frustration d'en avoir fait pendant huit ans à l'école sans aucun résultat évident.

J'ai la chance d'avoir déjà franchi certains caps et d'avoir accompli ce qui constituait des rêves de jeunesse pour moi : me marier, avoir un enfant, un beau diplôme d'école de commerce, créer plusieurs sociétés, posséder une belle maison de famille en Provence, un appartement à la mer, une jolie voiture, voyager...

Désormais, j'espère pouvoir contribuer à des causes qui vont au-delà des mes intérêts personnels. Plus spécifiquement, je souhaite m'engager en donnant du temps et de l'argent pour une association luttant contre les violences conjugales et familiales.

Donc, en prenant l'argent pour ce qu'il est – c'est-à-dire un simple moyen, un pouvoir potentiel – et en questionnant et affirmant nos désirs, nous nous libérons d'une première croyance limitante importante concernant l'argent.

Le goût de l'effort

Mais il y a une autre peur bien spécifique qui empêche beaucoup de gens de prospérer : celle de l'effort. Je ne parle pas de paresse, et je ne dis pas que les gens qui ne sont pas riches sont forcément des fainéants (même si certains le sont incontestablement). Je parle là de la peur liée à la croyance que le fait de gagner de l'argent serait trop difficile et donc inaccessible : cela semble nécessiter trop d'efforts et on se sent incapable de les produire, découragé par l'ampleur envisagée de la tâche.

Il faut changer cette croyance car rien n'est plus faux. Rester pauvre requiert davantage de sacrifices que devenir riche. Rester pauvre cause plus de souffrances que prospérer.

Si certains ont peur de prendre le chemin de la prospérité, c'est parce qu'ils ne se donnent pas les moyens de réfléchir aux méthodes qui pourraient les amener à avoir de l'argent – et ce bien plus facilement qu'ils ne le croient. Ils vous diront ne pas comprendre pourquoi ils sont dans des situations financières toujours délicates et se sentent prisonniers de leur vie. Ils s'interdisent alors d'avoir des rêves pour ne pas ressentir la frustration de ne pas pouvoir les réaliser. La raison est simple : ils nourrissent la croyance fausse que leurs rêves sont inaccessibles.

Gagner plus d'argent en travaillant moins

Gagner plus ne requiert pas plus de temps de travail, ni plus d'efforts, mais seulement des efforts différents de ceux que vous avez l'habitude de produire. Il faut privilégier l'effort qualitatif sur la quantité d'effort fourni. C'est la clé la plus importante : *work smart*. Travaillez intelligemment. Optimisez vos efforts.

Si vous êtes déjà entrepreneur ou si vous projetez de le devenir, alors les conseils suivants sont spécifiquement pour vous. Car en général, vous êtes convaincu que pour gagner plus d'argent, il suffit de multiplier vos heures de travail. C'est aussi ce que j'ai longtemps pensé jusqu'au jour où j'ai commencé à fréquenter des entrepreneurs à succès plus expérimentés que moi. J'ai alors constaté qu'ils avaient tous mis en place des entreprises qui fonctionnent avec ou sans eux : leur rentabilité est indépendante du travail qu'ils fournissent.

Récemment, j'ai eu l'occasion de rencontrer un ami propriétaire d'une belle société informatique au développement impressionnant. Il me disait être passé de 90 heures à trois jours de travail par semaine tout en gagnant bien plus qu'auparavant. Il a eu le déclic alors qu'il s'apprêtait à partir en voyage d'affaires et que sa fille le suppliait de rester à la maison. Comme de nombreux parents, il lui a expliqué qu'il devait travailler pour qu'elle puisse continuer à profiter des choses qu'elle aimait comme le tennis et l'équitation ; leur belle maison et les vacances au soleil en hiver. Mais ce qu'elle a répondu a changé toute sa vision de la vie : « Papa, je me fiche de tout cela. Je veux juste être avec toi. »

Avez-vous déjà ressenti cette impression de parfois passer à côté des événements de la vie qui comptent vraiment ? Pour cet ami, le temps était venu de réévaluer ses priorités et de mettre en place des systèmes qui permettraient à l'entreprise de performer sans pour autant que son investissement personnel soit aussi extrême. Voici quatre moyens pour concrétiser ce rêve.

Agissez « comme si »

Prenez le temps d'écrire vos objectifs et définissez spécifiquement le genre de vie que vous aimeriez avoir. Combien souhaitez-vous gagner ? Quel niveau d'implication souhaitez-vous avoir dans vos activités professionnelles ? Maintenant, pensez à des personnes qui en sont déjà à ce stade. Que font-elles différemment de vous ? Quelles tâches remplissez-vous vous-mêmes qu'elles parviennent à déléguer ?

Pour élever votre niveau de jeu, agissez tout de suite comme si vous étiez déjà parvenu au résultat désiré. Une suggestion serait d'embaucher un assistant. Vous pensez certainement que vous n'en avez pas les moyens. Demandez-vous ce que vaut votre temps. Il existe aujourd'hui des assistants virtuels sur internet qui coûtent moins de 10 € de l'heure. Si vous pensez que votre temps ne vaut pas plus que ces sommes raisonnables, alors vous aurez des difficultés à véritablement atteindre ce haut niveau auquel vous prétendez.

Concentrez-vous sur les activités les plus rentables et qui ont le plus d'impact

Nous n'avons tous que 24 heures dans une journée. Pourtant, il existe des personnes qui semblent pouvoir accomplir tellement plus que d'autres sur une même période de temps donnée. Ont-elles des superpouvoirs que je n'ai pas ? Certaines sont effectivement dotées de capacités hors du commun. Mais pour la plupart, elles savent simplement que pour gagner plus en passant moins de temps à travailler, il faut trouver les détails qui font la différence. Demandez-vous : quelles sont mes activités qui génèrent le plus de valeur pour moi et mon entreprise ? Identifiez-les précisément et assurez-vous de les exécuter chaque jour. Ne vous autorisez pas d'être dérangé par les préoccupations de quelqu'un d'autre (email, téléphone...) jusqu'à avoir accompli les tâches essentielles que vous avez prédéfinies.

Entourez-vous de mentors inspirants

J'aime cette phrase de l'entrepreneur Jim Rohn que je cite souvent : « Vous êtes la moyenne des cinq personnes que vous fréquentez le plus[1] ». Un copain ajoute souvent à cela : « Si tu veux voler avec les aigles, ne reste pas avec les dindons. » J'évite de prononcer cette dernière phrase personnellement car je la trouve cruelle, même si je dois bien reconnaître qu'elle est à la fois drôle et pleine de bon sens. Qui sont ces cinq personnes dans votre vie ? Vivent-elles déjà la vie que vous souhaitez vivre ? Si ce n'est pas le cas, qu'est-ce que cela dit sur vous et sur vos ambitions ?

---

1. Jim Rohn : *The Five Major Pieces to the Life Puzzle*, Brolga Publishing Pty Ltd, 2003.

Si vous voulez amener votre entreprise à un niveau plus élevé et vous libérer du temps, entourez-vous de mentors qui vivent déjà la vie dont vous rêvez pour qu'ils puissent vous guider pendant le processus. Un de mes mentors me disait : « Il est difficile de pouvoir lire ce qu'il y a marqué sur l'étiquette lorsqu'on est enfermé à l'intérieur de la boîte. » Peu de personnes peuvent objectivement se regarder dans la glace et faire leur autocritique de façon constructive.

C'est justement à cela que sert un mentor. C'est une personne qui observera vos actions de l'extérieur et pourra alors vous conseiller de façon objective tout en se basant sur son expérience. Cela vous aidera à progresser très rapidement.

Entraînez-vous quotidiennement à vous améliorer

Votre esprit est le levier le plus puissant pour progresser si vous savez comment l'actionner de façon appropriée. Certains des entrepreneurs les plus en réussite pratiquent généralement un rituel quotidien. Ils se challengent chaque jour en passant les 30 premières minutes de leur journée et les 30 dernières à lire sur des sujets inspirants et positifs qui font grandir leur esprit et augmentent leurs compétences. Votre business peut aller aussi loin que ce que votre vision lui permettra d'atteindre, mais ce désir de croissance et de progression doit commencer par vous-même.

C'est probablement votre besoin de liberté qui vous a conduit à entreprendre. Appliquez ces quatre principes et vous découvrirez alors que vous n'avez pas besoin d'échanger votre temps contre de l'argent. Alors la vraie liberté que tant de personnes recherchent deviendra votre réalité.

De plus, de nouvelles tendances se dessinent clairement dans le paysage de la réussite entrepreneuriale et professionnelle. Ces tendances pourraient bien faciliter l'atteinte de l'objectif de liberté mentionné précédemment. Grâce au web, de très nombreuses entreprises sont actuellement dirigées par des entrepreneurs nomades qui bossent en solo depuis chez eux ou en voyageant aux quatre coins du monde. Construire une telle entreprise n'est certainement pas facile, mais la quantité de « success stories » prouve que c'est loin d'être impossible.

● Lancer son affaire simplement

Pour quiconque souhaite créer un business de chez lui plutôt qu'une entreprise ayant des bureaux avec pignon sur rue, les fondamentaux du succès restent les mêmes.

Donc si vous vous sentez taillé pour l'aventure entrepreneuriale solo, pourquoi pas ? Comment s'y prendre ? Voici cinq pistes de réflexion.

Créer un produit ou service basé sur une problématique de votre vie quotidienne

Katherine Krug souffrait de violents maux de dos alors qu'elle travaillait de nombreuses heures au bureau. Ne trouvant pas de solutions satisfaisantes pouvant la soulager à long terme, elle a créé (avec l'aide de designers industriels) un prototype de ceinture qui lui permettait de soutenir son dos. Elle a ensuite utilisé le désormais célèbre site de crowdfunding Kickstarter pour présenter son prototype. Résultat : elle a levé 1,2 million de dollars auprès d'un public de donateurs. Elle dirige maintenant BetterBack, un business de plusieurs millions de dollars depuis chez elle à San Francisco.

Pour gagner du temps afin d'emballer les repas de ses trois enfants Kelly Lester, mère au foyer, a imaginé une ingénieuse boîte. Elle a emprunté l'idée aux Japonais qui, de façon traditionnelle, avaient déjà développé ce type d'emballage astucieux pour la nourriture. Cette *momtrepreneur* dirige maintenant un business florissant dont le nom est aussi simple que l'idée qu'elle a mise en œuvre : EasyLunchBoxes.

Un dernier exemple : l'entreprise Jag Grills a réussi à rendre le barbecue encore plus convivial. Ses créateurs sont deux amis qui ont mis au point une table de jardin avec barbecue intégré. Au départ, c'était un projet de passionnés conduit dans leur propre jardin et pour eux-mêmes. Malgré les 3 000 dollars que coûte leur produit, ils ont des commandes à ne plus savoir qu'en faire. Bravo à ces Sud-africains expatriés aux USA qui ont réussi à permettre à celui qui est d'habitude au charbon, d'être enfin à table pour profiter de ses convives.

BetterBack, EasyLunchBoxes et Jag Grills ne sont pas des cas isolés. Les expériences similaires sont légion et vous aussi pourriez vivre la même expérience.

Confrontés à des difficultés récurrentes, voire quotidiennes ou à la recherche d'une solution à un problème qui se pose pour vous, vous pourriez avoir la bonne idée simple dont des millions de personnes telles que vous ont aussi besoin. Alors gardez vos yeux et vos oreilles grands ouverts car l'inspiration peut frapper à tout moment.

Identifier une niche et créer sa boutique en ligne

Vous pensez avoir compris les attentes des gens dans un domaine bien précis ? Voici deux exemples d'entrepreneurs de moins de 30 ans, un Américain et un Français.

Le premier est Allen Walton. Ayant travaillé quelques temps dans une boutique vendant des caméras de surveillance, il a constaté que les clients avaient une préférence quasi systématique pour un certain type de produit. Avec ses 1 000 dollars d'épargne, il a développé son propre site web pour distribuer des caméras de surveillance discrètes.

Vous avez quelques sous de côté, une idée et ne savez pas comment développer un site web ? Faites appel à un professionnel. Vous avez une idée et du temps mais pas d'argent ? Les outils sont très nombreux sur internet, souvent gratuits, pour apprendre par vous-même et lancer votre site sur la toile.

Mon deuxième exemple est français : il s'agit d'une histoire que je connais très bien pour en avoir été personnellement témoin. Shanty Baehrel est la meilleure amie de ma petite sœur. Elle a lancé en 2014, à 25 ans, l'entreprise Shanty Biscuits et j'ai eu l'occasion de l'accompagner dans la création et le développement de son business.

Tout est parti d'une idée : moderniser le biscuit sablé avec la possibilité de le personnaliser en écrivant un message dessus. Elle a commencé à proposer ses services aux membres de son réseau – en l'occurrence sa meilleure amie, ma sœur qui préparait alors son mariage. Les futurs jeunes mariés branchés ont, sans hésiter, troqué les traditionnelles dragées pour ces beaux et délicieux biscuits personnalisés. Cadeau d'invité simple et apprécié, les entreprises ont elles-aussi compris rapidement qu'elles pouvaient utiliser les biscuits de Shanty pour communiquer auprès de leur audience.

Pourtant, elle n'a pas dépensé un euro en budget de communication ! Son astuce ? Avoir compris la puissance d'Instagram avant tout le monde. Cette vitrine gratuite lui a permis d'exprimer sa créativité et la qualité de ses produits.

Le simple visuel de ses biscuits et l'originalité de ses messages génèrent de telles émotions que les clients sont fans avant même de goûter. Alors une fois qu'ils goûtent... ils sont conquis pour toujours !

Résultats : depuis ses modestes débuts où elle a réussi à négocier la production de biscuits pour le mariage de ma sœur contre la production d'un site internet développé par mon beau-frère, webdesigner de profession, elle produit maintenant plusieurs centaines de milliers de biscuits par an.

Désormais, elle travaille depuis son usine de production de plus de 800 m² avec plusieurs salariés alors qu'elle a démarré dans la kitchenette de son studio de 20 m² au fin fond de la Provence.

En 2016, son entreprise avait deux ans et je prédisais alors qu'elle ferait plusieurs millions d'euros d'ici deux à cinq ans. La prédiction s'est réalisée puisqu'en 2018, Shanty Biscuits a été valorisée plus de deux millions d'euros.

Apportez vos compétences à un plus grand nombre grâce à la technologie

Vous êtes déjà reconnu par votre entourage pour avoir une compétence ou un savoir-faire particulier ? La technologie pourrait être un immense levier pour vous faire connaître et reconnaître auprès de millions de gens.

Une application mobile a permis à Rachel Charlupski de transformer son entreprise de babysitting en un réseau de plus de 1 500 babysitters. À l'origine, elle était babysitter à Phoenix, Arizona, et était payée quelques dollars pour garder les enfants de la clientèle d'un hôtel local.

Nul besoin d'aller aux US pour trouver des exemples, il y en a des milliers en France et ailleurs car ceci est valable partout dans le monde. Faut-il vous parler de Meetic, Veepee (ex Vente-privée) ou encore voyageprivé.com ?

Créer des formations sur internet

Avez-vous une compétence que vous pourriez enseigner aux autres ? Alors cela pourrait devenir un projet crédible : la création de vos propres supports de transmission de connaissances en ligne.

Rob Percival, ancien professeur de mathématiques dans un lycée anglais, a gagné plus d'un million d'euros en mettant en ligne des formations de programmation informatique.

Aujourd'hui, il suffit de naviguer quelques heures sur Facebook ou Instagram pour constater qu'il existe une légion de formateurs et coachs en tout genre. Même si certains semblent peu professionnels, à la limite du gourou voire du charlatan, ils ont au moins le mérite d'essayer de changer quelque chose dans leur propre vie et dans celles des autres.

En 2018, j'ai eu l'occasion de côtoyer un jeune entrepreneur français de 27 ans qui avait créé un cursus de formation en investissement immobilier deux ans plus tôt. Même si les méthodes d'acquisition de « prospects potentiels » via le marketing digital sont parfois proches du racolage, là encore, ce jeune homme avait réussi à transformer ses propres expériences de vie en source de rémunération et de partage. Il est désormais suivi par des dizaines de milliers de « followers » et délivre beaucoup de contenu de qualité gratuitement. Ensuite, pour ceux qui souhaitent approfondir leurs connaissances, il propose des formations vidéos en ligne et quelques séminaires en présentiel.

Curieux de voir tant de personnes le suivre et commenter ses publications sur les réseaux sociaux, j'ai participé à un de ses séminaires à Lyon pour me rendre compte personnellement de la nature de son public. Je m'attendais à y voir essentiellement de très jeunes hommes, portés par l'espoir de devenir riche dans l'immobilier sans rien faire, et attirés par les voitures de sport et les photos de voyage que postaient le formateur sur Instagram tout au long de l'année.

Mais je dois bien admettre que j'avais mal jugé. Même si le public était plutôt jeune, il se situait autour de la trentaine. Les femmes étaient aussi nombreuses que les hommes et on pouvait aisément se rendre compte qu'il s'agissait pour la plupart de jeunes actifs dynamiques et suffisamment ouverts d'esprit pour accepter d'être formés par un jeune homme de 27 ans qui a un talent certain pour la pédagogie. Sa force est aussi de savoir encourager ses « élèves » à passer à l'action.

Cela est également révélateur d'une tendance à l'autoformation en ligne pour toute cette nouvelle génération : elle sait que les schémas d'investissements traditionnels appris à l'école ou conseillés par un banquier « à la papa » deviendront vite obsolètes dans un monde qui change ultra rapidement. Ils souhaitent donc comprendre autant que possible les éléments techniques de fiscalité et d'immobilier pour être capables de juger par eux-mêmes à l'avenir de ce qu'est un bon ou un mauvais investissement.

La conférence a réuni 300 personnes sur la journée. Ils avaient tous payés, moi compris, entre 300 et 500 euros pour être présents. Je vous laisse maintenant calculer le chiffre d'affaires généré par le formateur ce jour-là !

Tout le monde ne pourra pas réussir par ce biais mais le marché est énorme. Les réseaux sociaux permettent de s'adresser directement au public qui est visé, en France et dans le reste du monde. Les chaînes Youtube, IGTV ou encore les Facebook live permettent à chacun de créer ses propres médias et canaux de communication. Reste à comprendre comment ce marché fonctionne et trouver des sujets qui répondent à de vraies attentes.

Alors, quel genre de cours pourriez-vous créer ? Ceux dont le sujet est bien spécifique ont tendance à mieux fonctionner. Il s'agit souvent de cours qui permettent à ceux qui les suivent de progresser dans leur job et qui résultent en une augmentation de revenus ou de salaires.

Publier un eBook (un livre dématérialisé)

L'époque pendant laquelle il était impossible de publier un livre sans passer par un éditeur puissant et réputé pour le promouvoir, est déjà loin derrière nous. Aujourd'hui, vous pouvez produire votre propre livre avec peu ou pas de moyens financiers et le distribuer auprès de millions de lecteurs potentiels.

Vous souhaitez approfondir cette piste ? Guy Kawasaki, auteur de 13 livres, a écrit un livre sur le sujet : *How to self-publish an ebook*, offrant des techniques pratiques pour réussir dans ce domaine… même si certaines des techniques enseignées sont déjà dépassées parce que l'ogre Amazon est passé par là !

Choisir avec soin une activité en MLM (Multi Level Marketing *ou Marketing relationnel)*

À titre personnel, une rencontre et une opportunité professionnelle ont changé ma vie. C'était en 2009 alors que je travaillais en tant que collaborateur dans un cabinet d'expertise comptable. À l'époque, j'avais envie d'évoluer professionnellement mais aucune idée de ce que je pouvais faire, ayant le sentiment de n'avoir ni compétences extraordinaires ni ressources financières pour me lancer dans un projet entrepreneurial.

Dans ce cabinet d'expertise comptable, j'avais l'occasion de voir des entrepreneurs qui prenaient parfois des risques importants en se lançant dans des concepts novateurs, très gourmands en ressources financières mais sans aucune garantie de résultats. Il y avait bien quelques réussites fulgurantes mais elles étaient très marginales. Étant de nature très prudente, je me demandais toujours comment ces gens-là pouvaient prendre autant de risques.

Et puis, il y avait ceux qui ne s'embêtaient pas à créer un concept, et choisissaient de prendre une activité en franchise qui présentait de plus grande chance de succès avec un business model éprouvé. Mais dans ce genre de projet, il fallait souvent mettre beaucoup d'argent sur la table. Par exemple : 1 million d'euros en moyenne pour ouvrir un McDonald's ou 200 000 pour un restaurant Subway[1].

Pour ma part, n'ayant guère d'épargne en 2009, toutes ces options étaient exclues.

1. Attention quand même à l'analyse des contrats de franchise qui ne sont pas sans risque non plus. La rentabilité d'un restaurant McDonald's est de 13 % contre 3 % pour Subway.

C'est sur un principe qui fait parfois polémique que j'ai pu bâtir mon ascension en tant qu'entrepreneur. L'opportunité professionnelle s'est présentée à moi par l'intermédiaire d'une personne que je connaissais à peine. J'ai simplement eu le mérite de savoir la saisir. Il s'agissait d'une activité fonctionnant sur le principe de ce que les Français appellent le « marketing de Réseau » et les Anglo-saxons le MLM (*Multi Level Marketing*). Beaucoup de gens confondent ce modèle avec ce qu'on appelle vulgairement un « système pyramidal ».

En France, la première marque connue qui s'est développée selon le principe du MLM est probablement Tupperware.

Aujourd'hui, il existe des centaines d'entreprises dans le monde qui se développent par le marketing relationnel plutôt qu'en ouvrant des magasins, en signant des franchises ou en créant des boutiques en ligne. C'est la 3e industrie au monde en termes de chiffre d'affaires avec 190 milliards de dollars en 2017. C'est également le secteur d'activité qui crée le plus de nouveaux millionnaires chaque année. Or seulement 20 % du chiffre d'affaires mondial est réalisé en Europe.

Comme dans tous les domaines, il existe des opportunités qui en valent la peine et d'autres beaucoup moins. Il faut donc rester prudent car même si le démarrage d'un business en MLM présente l'avantage de ne quasiment rien coûter pour se lancer, certains modèles sont fragiles, reposent sur des produits ou services survendus et une équipe managériale aux intentions douteuses ou malhonnêtes. Il est difficile de définir ce qu'est une bonne ou mauvaise opportunité en MLM car cela dépendra d'abord de vous, de vos valeurs personnelles et de vos croyances par rapport à vos capacités à vous engager dans une nouvelle aventure professionnelle qui repose sur des règles du jeu auxquelles nous sommes peu habitués en France.

Il existe des entreprises comme celles-là dans quasiment tous les secteurs d'activité : les voyages, la cosmétique, les compléments alimentaires, les huiles essentielles, la téléphonie, les ustensiles de cuisine, la lingerie, le textile… et même les sex-toys.

Pour ma part, il s'agissait d'une proposition professionnelle autour du métier de la gestion de patrimoine. J'avais le sentiment d'avoir trouvé un business model prometteur, qui allait pouvoir me délivrer de vraies compétences et habilitations réglementaires reconnues même au niveau de l'État. J'allais pouvoir apprendre, rencontrer beaucoup de nouvelles personnes et cela ne me coûterait rien d'essayer. En plus, les sujets abordés commençaient à me passionner : l'immobilier, la fiscalité et les placements financiers destinés à aider les gens à mieux préparer leur avenir pour protéger leur famille et anticiper la retraite.

Je restais relativement méfiant car j'avais déjà entendu des histoires d'amis plus ou moins proches qui avaient eu de mauvaises expériences avec ce type de proposition qui semble toujours très alléchante au premier abord. Mais j'avais aussi le sentiment de me lancer dans une activité dans laquelle je me sentais utile et dont les gens auront toujours besoin. Comment bien investir son argent ? N'est-ce pas une question que nous nous sommes tous posés. En plus, contrairement à la plupart des autres entreprises qui proposent des produits de consommation courantes de faibles montants, la proposition qui m'était faite était basée sur des solutions qui pouvaient représenter des investissements de plusieurs centaines de milliers d'euros. On peut parler de vraie création de valeur et de modèle gagnant-gagnant car il est question de vendre des actifs (c'est-à-dire des investissements qui rapportent) et pas de passifs (c'est-à-dire des biens de consommation qui disparaissent).

Cette combinaison d'un réel intérêt pour l'activité et d'une certaine dose de méfiance quant au modèle m'a permis de me lancer dans l'aventure avec curiosité, lucidité et, je dois le dire, un certain succès.

Si vous êtes tentés par ce genre d'activité, rappelez-vous qu'il n'y a pas de formule miracle. Pour réussir dans ce domaine comme ailleurs, il faut travailler intelligemment, dans l'intérêt de ceux qui vous font confiance, mettre en place des stratégies et des plans d'actions, puis faire preuve de persévérance et de patience. Certains iront chercher quelques dizaines ou centaines d'euros de revenus complémentaires et d'autres bâtiront des empires.

Mais ce n'est pas une réponse universelle. Dans son livre : *L'entreprise du 21e siècle,* Robert Kiyosaki distingue quatre catégories de personnes dont trois n'accepteront jamais de faire partie des pionniers qui se lanceront dans un modèle en MLM. Il développe une théorie selon laquelle il est difficile pour ceux qui sont éduqués de façon purement académique et qui sont systématiquement suspicieux face à de nouveaux modèles économiques d'accepter qu'on puisse partir de rien et réussir. Il parle ensuite de ceux qui aiment trop le confort pour changer quoi que ce soit à leur routine. On ne parle pas ici de confort matériel mais de zone de confort. Ils préfèrent prendre le risque de subir l'environnement qui change plutôt que d'agir pour créer leur propre environnement. Puis, il y a ceux qui ont tellement besoin d'être aimés par tout le monde qu'ils ne tenteront jamais rien qui puisse perturber l'esprit des deux premières catégories de gens, par peur d'être rejetés par eux.

Enfin, il y a ceux qui veulent gagner le match du contrôle de leur vie coûte que coûte. Ceux qui ont compris que le 21e siècle serait cruel pour les gens qui restent sur leurs acquis. Gagner ce match demandera des sacrifices. Il faudra se relever après chaque chute pour arriver au succès que nous espérons.

Mais en matière de combativité, il ne s'agit plus d'origine sociale ni de couleur de peau ni de sexe ni de ressources financières ni d'éducation, c'est une question d'état d'esprit.

La bonne nouvelle c'est qu'il y a de l'espoir pour tout le monde car nous avons le pouvoir de changer. Je me retrouve aussi dans les trois premières catégories de personnes. J'ai fait de longues études et commet souvent l'erreur de me croire supérieur à cause de cela. Croire qu'on a toujours raison ne peut que conduire à l'échec. J'ai longtemps aimé le confort en passant des heures et des heures à regarder passivement des clips musicaux sur M6 pendant mon adolescence. Et comme tout le monde, j'ai besoin d'être aimé. Mais comme le dit le dicton : « On ne peut pas plaire à tout le monde. ». Donc autant se dire qu'on a plus de chance d'être aimé si on devient quelqu'un d'épanoui, de positif et d'agréable avec qui les gens auront envie de passer du temps. Le succès attirera beaucoup de gens à vous et c'est alors qu'il vous faudra rester humble, avec l'envie de transmettre et de donner en retour.

Voilà donc comment j'ai trouvé un tremplin professionnel qui m'a permis de tripler mes revenus l'année qui a suivi le démarrage de cette activité et de recommencer à rêver. Quelques années plus tard, j'ai pu vivre tous les rêves que je m'autorisais à avoir à l'âge de 25 ans. Il a donc fallu que j'en trouve de nouveaux. Aujourd'hui, on me propose tellement d'opportunités qu'il devient difficile de choisir. La raison à cela ? Je suis moi-même devenu une opportunité pour les autres, donc les gens me parlent tout le temps des rêves et des projets qu'ils aimeraient réaliser, tout en me proposant d'y participer.

Le monde change et se transforme tellement vite. Soyez à l'affut des tendances et vous pourrez vraisemblablement construire un jour votre avenir sans être dépendant de qui que ce soit.

Le secret de la réussite

Le vrai secret du succès n'est pas vraiment un secret. Au cours de ma jeune carrière, j'ai pu constater le succès de gens avec des personnalités très différentes, et venant de tous milieux sociaux. De nombreuses fois, je me suis demandé s'il y avait des points communs entre ces histoires de réussite qui permettraient de clairement en identifier les causes.

Quand j'interviewais de « petits » entrepreneurs pour mon livre, j'ai demandé à des dizaines d'entre eux ce qu'ils pensaient être le « secret » du succès. Ils m'ont généralement répondu des choses du genre : la vision, les objectifs, la passion, la persévérance, et les process.

J'ai alors demandé à des personnes qui avaient connu de grands succès et gagner beaucoup d'argent, d'où venait leur succès personnel dans les affaires, le sport ou la science. Ils m'ont répondu que le succès impliquait des choses comme la vision, les objectifs, la passion, la persévérance, et les process. Cela ne vous rappelle rien ?

Cela m'a rendu très curieux. À tel point que tandis que j'enseignais dans une école de commerce, j'ai demandé à des centaines d'étudiants leurs avis avec toujours la même question. Ils étaient tous au début de leur parcours avec peu ou pas d'expérience réelle dans les affaires. J'ai été stupéfié lorsqu'ils ont également répondu que pour réussir, il fallait : la vision, les objectifs, la passion, la persévérance, et les process.

Finalement, toutes les personnes interrogées concernant le secret du succès m'ont donné pratiquement la même réponse. Mais si nous savons tous ce qu'il faut faire pour réussir, pourquoi ne rencontrons-nous pas toujours le succès ?

J'ai constaté que beaucoup de personnes recherchent une sorte de secret mystérieux qui va au-delà de ce qu'elles savent être important. La vérité c'est qu'il n'y a aucun grand mystère. En fait, très souvent le succès est simplement l'application de principes qui sont de notoriété publique, et qui n'ont donc rien de secret.

Quand vous entendez les personnes qui réussissent parler du secret de leur succès, avez-vous noté qu'elles parlent rarement d'un vrai secret? Ce que vous entendez, ce sont plutôt leurs croyances ou leur adhésion à un certain schéma ou à une approche particulière. Ensuite, elles ont suivi leur instinct avec intensité et détermination. Elles se sont simplement concentrées sur quelque chose que ceux qui réussissent moins savaient aussi mais n'ont pas pris suffisamment au sérieux. Les gens qui réussissent se concentrent sur leurs objectifs et affrontent les difficultés avec passion, persévérance et vision.

Même lorsque les idées sont simples et faciles à comprendre, elles sont rarement mises en application, parce que les gens pensent qu'il doit falloir faire plus ou qu'il doit y avoir « un loup ». Il y a quelques temps, j'ai participé avec d'autres professionnels à une réunion d'information à l'issue de laquelle une femme est venue vers moi en me disant : « tout que vous avez dit semble tellement simple. En fait, ce sont des choses que j'ai déjà entendues, mais je ne les ai jamais faites parce qu'elles me semblaient trop simplistes. J'ai toujours cru qu'il fallait devoir faire plus que cela, que la route vers le succès était forcément beaucoup plus compliquée et difficile. J'ai perdu un temps précieux en recherchant une sorte de secret. » Et elle a ajouté : « je ne comprends pas pourquoi les gens trouvent si facile de rendre les choses plus difficiles. Et je parle aussi pour moi. »

Le succès vient à ceux qui non seulement ont une passion et une vision, mais qui font également preuve de persistance et d'engagement pour exécuter et répéter des principes fondamentaux. Ils continuent à travailler et apprendre jusqu'à ce qu'ils puissent mettre en application ces principes fondamentaux sans efforts.

Tout cela est donc de notoriété publique. Ne cherchez plus. Le succès, c'est de connaître ces choses et d'avoir la volonté pour avancer sans abandonner, sans se chercher des excuses ni se détourner de ses objectifs.

Exercices

Les croyances limitantes

- Quelles sont mes croyances limitantes concernant l'argent ?
- Qu'est-ce qui m'empêche de devenir riche. Pourquoi ai-je peur de devenir prospère ?

Les désirs et projets

- Quels sont mes désirs profonds ? Lorsque je fais abstraction des contraintes et des injonctions qui pèsent sur moi, à quoi est-ce que j'aspire vraiment ?
- Quels sont mes objectifs ?
- Quel genre de vie est-ce que je rêve d'avoir ?
- Combien d'argent je souhaite ?
- Quel niveau d'implication je souhaite avoir dans mes activités professionnelles ?
- Quel projet/ business/ entreprise, j'aimerais lancer pour atteindre ce genre de résultats ?

Pour vous aider voici quelques questions supplémentaires à vous poser :

- À quel problème quotidien suis-je confronté et pour lequel je me suis déjà dit qu'il faudrait inventer une solution adéquate ?

- Quel besoin puis-je identifier parmi les gens que je fréquente et pour lequel une solution simple pourrait être mise en œuvre ?
- Quelle compétence particulière que je possède pourrais-je commercialiser grâce à des outils numériques ?
- Quelles formations pourrais-je distribuer via internet ?
- Si je devais écrire un e-book, quel en serait le sujet ?
- Quel business en MLM/ Marketing de réseau pourrais-je intégrer ?

Commencez à modifier votre approche

- Quelles personnes autour de moi pourraient être des modèles ou des mentors ?
- Il y a autour de moi des personnes qui ont réussi à mener le genre de vie ou de projet que je souhaite mener : que font-ils différemment de moi ?
- Si c'était possible, quelles tâches délèguerais-je à un assistant dès aujourd'hui pour passer plus de temps sur ce qui compte vraiment ?
- Quelles sont les activités qui ont le plus de valeur pour mon projet ?
- Est-ce que je passe la majorité de mon temps sur les activités qui ont le plus de valeur ou sur d'autres choses moins importantes ?
- Que dois-je modifier dans mon quotidien pour passer plus de temps sur ce qui compte vraiment ?

1. Robert Kyosaki : *L'entreprise du 21e siècle*, Un monde différent, 2013.

3.
Investissez… sur vous-même !

• Investir

On ne le répètera jamais assez, la différence entre ceux qui prospèrent et les autres tient avant tout à un état d'esprit, une certaine façon de voir le monde. Cette façon de voir le monde oriente ensuite les stratégies que chacun développe pour agir et atteindre ou non leurs objectifs.

Comme nous l'avons déjà vu, la plupart des gens raisonnent conformément à un modèle appris dans leur famille et à l'école, et qui reproduit un schéma « salarié » : « travaille bien à l'école, obtient un diplôme puis trouve un emploi stable ». C'est la fameuse mentalité du « père pauvre » dans la fable qui a rendu célèbre le magnat de l'immobilier Robert Kiyosaki. Cette mentalité convient à certains, mais elle est en fait porteuse de nombreux risques et repose sur une conception erronée de ce qui se joue vraiment dans l'économie. Commençons par la conception erronée : les gens qui courent après un CDI considèrent leur emploi à durée indéterminée comme une sorte de rente, qui tombe tous les mois et leur assure la sécurité financière.

Ils ne se rendent pas compte qu'en fait, leur travail assure principalement la rente d'un autre : le patron ou l'actionnaire.

Ceux qui développent cette mentalité misent tout sur leur salaire et leurs cotisations pour la retraite, principalement parce qu'ils ont foi en la sécurité de l'emploi. Mais cette croyance risque de devenir bientôt illusoire. Avec l'évolution de la courbe démographique et les transformations importantes de l'économie, le chômage des quinquagénaires – et des jeunes – n'est pas prêt de s'arrêter. Le système de retraite tel que nous le connaissons est à bout de souffle et la contraction de la masse salariale dans les entreprises va aussi aller croissant, de sorte que le gros de la population employée au sein des entreprises risque d'aller plutôt vers la précarisation qu'autre chose. Ce phénomène sera notamment amplifié par le développement de l'intelligence artificielle et de la robotisation, qui ne cessera de croître dans les années à venir.

Quand j'étais jeune, un ami de ma famille me répétait souvent : « mieux vaut un petit filet d'eau qui coule en permanence que des geysers occasionnels ». Il avait travaillé toute sa vie comme employé d'une administration et touchait un salaire que l'on pourrait qualifier de petit mais stable, comparable à un petit filet d'eau. L'image qu'il convoquait était intéressante : tout l'objet de l'indépendance financière c'est de trouver des sources de revenu qui auront la caractéristique d'être permanentes et automatiques. Mais avoir pour source de revenu permanente un modeste salaire, c'est encore trop limité pour permettre l'indépendance. Ce n'est pas un petit filet d'eau qu'il nous faut, mais un débit puissant et constant pour nous permettre de réaliser la vie de nos rêves.

D'ailleurs, cet ami aux revenus modestes comprenait suffisamment ce principe pour avoir fait aménager sur sa propriété plusieurs studios meublés qu'il louait à des étudiants en vue d'arrondir ses revenus et sa petite retraite. Il avait conscience de la précarité que constituait le fait de dépendre de son seul salaire. Ce faisant, il avait créé ce que l'on appelle un *cash flow*, un flux de trésorerie ou encore, un revenu passif : une source de revenu permanente et automatique, qui ne se tarirait pas lorsqu'il ne travaillerait plus.

C'est ce que nous devons créer : des revenus passifs. Mais pour que ces revenus passifs soient suffisants, transformer le garage de sa maison en studio ne suffira pas. Cela constitue un bon début, mais il faudra faire davantage : il faudra investir.

Le plus grand risque, c'est de ne rien faire

La plupart des gens dépendent seulement de leur salaire parce qu'ils n'ont pas appris l'importance d'investir. En fait, ceci est en partie dû au discours que les investisseurs développent pour légitimer leurs revenus. Ce discours, nous l'avons vu au chapitre précédent, est très largement basé sur la notion de risque : « Je gagne bien ma vie parce que j'ai su prendre les risques qu'il fallait pour investir ». Investir impliquerait donc de prendre des risques. Or, comme les gens ont une aversion naturelle au risque, ils mettent une croix sur l'idée même d'investir. Lorsque l'opportunité se présente, la peur de tout perdre les retient, même si, dans les faits, les risques liés à un investissement intelligent sont toujours maîtrisés pour permettre un enrichissement durable.

Maintenant, ce que vous voulez savoir, c'est comment faire concrètement ? Quels sont les bons investissements dont tout le monde parle ? Comment les trouver ? Comment juger s'ils correspondent à nos besoins ?

Là, vous mettez le doigt sur ce qui manque à la plupart d'entre nous : le pouvoir de la connaissance. La puissance de l'apprentissage qui permet de passer à l'action.

Robert Kiyosaki appelle cela l'intelligence financière, ou encore l'éducation financière. Selon lui – et je partage largement son avis – cette connaissance s'articule autour de quatre pôles d'expertise que la plupart des gens ne cherchent pas à développer, par peur ou par *a priori*, se disant que c'est trop compliqué ou que cela ne les concerne pas. Pourtant, c'est la maîtrise de ces pôles d'expertise qui vous fera passer du rêve à la réalité d'une vie prospère.

Pôle 1 : L'analyse financière

Le premier pôle est *l'analyse financière* : c'est l'ABC du domaine financier, la base. Avez-vous déjà analysé votre relevé de compte bancaire ? Comprenez-vous le principe des colonnes débit et crédit ?

C'est pourtant simple mais nous faisons souvent semblant de ne pas comprendre pour ne pas devoir faire face à la réalité.

La colonne *débit* c'est l'argent qui sort et la colonne *crédit* c'est l'argent qui rentre. Et à la fin, il y a un solde positif ou négatif. La base de l'enrichissement est d'être en positif le plus souvent possible. Si vous dépensez systématiquement plus que ce que vous gagnez et que cela ne vous pose aucun problème, alors vous n'avez aucune chance d'atteindre la liberté financière. En effet, même si vous parvenez un jour à augmenter vos revenus, plus vous aurez de l'argent, plus vous devrez être précis dans la recherche de l'équilibre financier, car la chute pourrait être encore plus rude.

Lorsque vous serez capable de maîtriser votre propre budget et que vous aurez développé l'aptitude de comprendre rapidement les forces et les faiblesses d'un relevé bancaire, vous pourrez alors vous attaquer à la lecture et l'analyse des bilans financiers des entreprises.

La lecture en est un peu plus complexe mais les principes sont les mêmes. Pour une société que vous pourriez créer ou dans laquelle vous seriez tenté d'investir, sa valeur réside dans la qualité de gestion des personnes qui la dirigent. Sont-ils capables de gagner plus d'argent qu'ils n'en dépensent ? En comptabilité, vous trouverez ces informations dans le compte de résultat. Vous y trouverez ce que l'on appelle : les produits, c'est-à-dire l'argent qui rentre ; puis les charges, c'est-à-dire l'argent qui sort. Et à la fin, il y a un bénéfice ou une perte.

Je simplifie de façon presque absurde mais au fond, ce n'est pas la peine d'aller chercher beaucoup plus loin, c'est cela qui compte pour mesurer la qualité d'un investissement.

Dans l'immobilier, si vous investissez 100 000 € dans un appartement et qu'il vous rapporte 8 000 € de loyers par an, on dira alors que votre rendement brut est de 8 % par an (8 000/100 000). Mais pour connaître le rendement net, il vous faudra procéder à une analyse plus fine. Quels sont les frais et charges liés à votre investissement ? Si vous avez 1 000 € de taxe foncière, 500 € de charges de copropriété et 500 € de frais de gestion et d'assurance, alors votre rendement annuel net de charges est de 6 % soit 6 000 € [(8 000-1 000-500-500)/100 000].

6 % net de charges, est-ce bien ? On peut trouver plus mais c'est surtout beaucoup mieux que de ne rien faire du tout. À partir du moment où vous êtes au-dessus de zéro, vous créez de la richesse… Ou plutôt, à partir du moment où vous êtes au-dessus du taux d'inflation, c'est-à-dire du taux d'augmentation du coût de la vie, vous gagnez de l'argent.

Mais en ce moment, il existe une opportunité historique pour créer de l'argent. Sous réserve de pouvoir remplir les critères de revenus que les banques nous imposent, il est possible de créer du patrimoine sans même avoir soi-même de l'argent en réserve.

Impossible ici de citer tous les exemples et les montages financiers possibles mais je vous explique un cas très simple :

Je reprends mon exemple d'investissement immobilier à 100 000 €. Imaginons que j'aille trouver mon banquier en lui expliquant mon projet d'acheter cet appartement pour le louer. En empruntant la totalité de la somme sur 20 ans, avec un taux d'intérêt de 1,5 % actuellement en vigueur et un peu d'assurance décès invalidité que la banque exigera que je prenne, je devrais alors rembourser environ 500 € par mois. Or, nous avons vu plus haut, qu'avec un appartement qui me procure 6 % de rendement net de charges, je gagnais 6 000 € par an soit 500 € par mois. Les flux de trésorerie s'équilibrent. 500 € par mois rentrent et 500 € par mois sortent.

Si je conserve cet appartement pendant 20 ans, jusqu'au bout de mon crédit, et que je le revends 100 000 €, j'ai créé 100 000 euros de valeur dans mon patrimoine alors que je n'ai rien dépensé pendant 20 ans. C'est l'autofinancement.

Vous comprenez bien que mon exemple est simplifié à l'extrême mais le principe n'en demeure pas moins valide.

Il y a encore cinq ans, alors que les taux d'emprunt bancaires étaient de 4 % pour un prêt sur 20 ans, il aurait fallu rembourser 625 euros par mois à la banque. Pour le même appartement, j'aurais dû sortir 125 € par mois de ma poche alors qu'aujourd'hui, je ne sors rien. Il était nécessaire de trouver un appartement qui rapporte 7,5 % de rendement annuel net de charges pour trouver l'autofinancement alors que 6 % suffisent dans cet exemple aujourd'hui.

Les chiffres vous semblent complexes ? Vous vous demandez comment j'ai réalisé ces calculs de mensualités de crédit ? Google est votre ami ! Je ne veux pas faire de publicité pour certains sites internet ou applications mobiles en particulier mais si vous tapez : « Calcul de crédit », vous trouverez des outils tellement simples à comprendre que n'importe qui peut les utiliser.

Voici maintenant un exemple de l'effet de levier bancaire appliqué à une société. Prenons une brasserie/restaurant dont l'activité commerciale est comprise de tous.

Ici les revenus ne seront pas des loyers mais du chiffre d'affaires généré par la vente de plats et de boissons. L'actif à racheter n'est pas un bien immobilier mais un fonds de commerce.

Dernière différence, les financements bancaires destinés à une activité industrielle ou commerciale ne se font pas sur 20 ans mais sur 7 ans.

Puisque la durée d'amortissement du crédit est plus courte, les mensualités de remboursement seront beaucoup plus importantes. Pour pouvoir les rembourser, il faudra donc que le chiffre d'affaires et les marges soient suffisamment importants.

Les fondamentaux et les questions à se poser restent cependant exactement les mêmes que pour un investissement immobilier.

Disons que j'envisage la reprise d'une brasserie qui est vendue 500 000 €. Si mon objectif est d'autofinancer cette acquisition, il faudra alors que le bénéfice (le résultat net en termes comptables) soit suffisant pour rembourser mon crédit à la banque.

Je précise toutefois que la plupart des banques exigeront un apport personnel de 20 à 30 % pour un investissement professionnel. Ces opérations sont donc moins accessibles à tous, ou bien il faudra d'abord trouver des associés capables d'apporter cet argent au départ.

Rêvons un peu et imaginons que la banque finance 100 % de l'investissement, sans apport.

Pour 500 000 empruntés sur 7 ans, il faudra rembourser environ 6 200 € par mois (pour un taux d'intérêt de 1,20 % sur 7 ans) soit 74 400 € par an.

La question est alors simple : est-ce que la brasserie que j'envisage d'acheter génère au moins 74 400 € de bénéfice par an pour que je puisse utiliser ce bénéfice pour rembourser mon emprunt de 500 000 € ?

Si vous faites le calcul, cela voudrait dire que cette brasserie génère un rendement de presque 15 % par an (74 400 € / 500 000 € = 14,88 %)

Ainsi, cette brasserie, même après avoir payé toutes ces charges de fonctionnement, pourrait s'autofinancer pour un investisseur.

S'il veut générer un cashflow immédiat, il devra alors trouver un moyen d'augmenter encore le chiffre d'affaires et les bénéfices. Sinon, il pourra déjà se contenter d'un autofinancement.

Dans sept ans, si son marché et son emplacement restent toujours aussi porteurs, il pourra revendre le même fonds de commerce 500 000 €. Il aura alors remboursé la banque grâce aux bénéfices de l'entreprise sans sortir d'argent de sa poche.

Une fois le fonds de commerce vendu, il aura créé 500 000 € de capital pour son patrimoine familial.

Voici un deuxième exemple personnellement vécu pour finir d'illustrer la puissance de l'effet de levier du financement bancaire.

Comme vous l'avez compris, je travaille dans le secteur du conseil en fiscalité et en investissements. Il arrive fréquemment que mes clients me confient de l'argent à placer et que le placement en assurance-vie constitue une solution intéressante pour eux.

Vous l'ignorez peut-être mais lorsque l'on détient un contrat d'assurance-vie, l'assureur qui gère le contrat applique des frais de gestion chaque année, dont une partie est reversée aux intermédiaires qui s'occupent de suivre et de conseiller le client (agences bancaires, cabinet de courtage en assurance ou professionnels indépendants).

Pour faire simple, et dans mon cas, les assureurs me reversent en moyenne 0,7 % par an, calculés sur le portefeuille financier que je gère pour mes clients. Donc si je gère 10 millions d'euros pour mes clients, les assureurs me reversent chaque année 70 000 euros, ce qui constitue du chiffre d'affaires pour mon cabinet.

Dans notre secteur d'activité, il est possible de revendre son portefeuille de clients comme cela se pratique dans de très nombreux autres domaines. Aujourd'hui, le prix de marché pour racheter un cabinet qui gère un portefeuille de 10 millions d'euros est de 210 000 euros. C'est trois fois la rémunération annuelle récurrente (70 000 x 3).

Au moment où j'écris ces lignes, je négocie le rachat d'un portefeuille de 30 millions d'euros. Ce portefeuille me génèrera chaque année, un chiffre d'affaires supplémentaire de 210 000 € (30 000 000 x 0,7 %) sous réserve que les clients restent fidèles bien sûr.

Comme nous l'avons vu précédemment, la valeur à l'achat pour une telle clientèle est de 630 000 euros. (30 000 000 x 0,7 % x 3).

Autant être honnête avec vous, je ne dispose pas de ce cash aujourd'hui. Il me faut donc aller voir la banque pour emprunter cette somme.

S'agissant d'un prêt professionnel, les banques prêtent rarement au-delà de 7 ans pour racheter un fonds de commerce ou une clientèle.

Si j'emprunte la totalité de la somme, je devrais rembourser environ 8 000 € par mois à la banque. Cela peut sembler beaucoup, mais comme le portefeuille à gérer me rapportera 210 000 euros par an, soit 17 500 € par mois, j'aurais largement les moyens de payer ma dette sur 7 ans et même d'embaucher deux personnes à plein temps pour s'occuper du suivi des clients.

Et dans 7 ans, sauf catastrophe ou effondrement du marché, je serai plein propriétaire d'un portefeuille d'une valeur de 630 000 euros que je pourrais éventuellement revendre à mon tour alors qu'il ne m'aura rien coûté. On est ici sur du super autofinancement.

Imaginons enfin que je ne vende pas. Puisque je n'aurais plus les 8 000 € par mois à rembourser à la banque, c'est donc 8 000 € par mois de trésorerie mensuelle supplémentaire que je récupère dans ma société.

Cela me convient tout à fait et on voit bien ici la puissance de l'entrepreneuriat couplé à l'effet de levier bancaire. Bien sûr, tous les secteurs d'activité ne sont pas aussi rentables et ne permettent pas cela. Il vous faudra donc bien choisir en amont.

Mais dans mon quotidien professionnel, je vois des opérations financières encore bien plus impressionnantes, notamment dans le domaine de l'hôtellerie, de la restauration ou de la grande distribution. Certains de mes clients créent littéralement des millions en quelques années sans sortir d'argent de leur poche. (Soyons honnêtes, à ce stade, ils ont du cash à côté pour rassurer les banques ou mettre un petit apport). On pourrait aussi parler des start-up mais dans ce domaine, il y a beaucoup plus d'échecs financiers que de réussites fulgurantes.

Pôle 2 : La compréhension des cycles de marchés

Le deuxième pôle est celui de la compréhension des cycles de marchés. La science de l'équilibre entre l'offre et la demande. C'est cette compréhension qui vous permettra avec le temps et l'expérience de savoir quand acheter et quand vendre mais aussi quoi acheter et quoi vendre. Comme je viens de l'expliquer, l'époque est plutôt propice à l'immobilier notamment grâce à l'effet de levier rendu possible par les banques qui prêtent à des taux historiquement bas.

L'analyse et la capacité à interpréter les cycles économiques sont déterminants. Je ne peux pas ici rentrer dans des explications trop théoriques mais il y a des cycles de hausse et de baisse pour tous les marchés, qu'ils soient immobiliers, financiers, d'emplois, de produits... Et une chose est sûre, « les arbres ne montent jamais jusqu'au ciel ». Cette expression, souvent utilisée dans les milieux financiers, se vérifie toujours : vient un moment où les prix cessent de monter et les excès d'optimisme des investisseurs finissent par se retourner contre eux lorsque les bulles éclatent.

Regardez sur Internet « Historique S&P 500 » et observez le graphique sur 20 ans. Le S&P 500 est un indice boursier qui représente l'évolution de la valeur des 500 plus grandes sociétés cotées américaines. Au moment où j'écris ces lignes, la bourse américaine n'a jamais été aussi haute dans toute son histoire. Est-ce que cela peut continuer à monter ? Oui. Est-ce que le potentiel est hausse est linéaire et infini ? Non. Est-ce que le risque de krach ou de baisse existe ? Oui, il n'a jamais été aussi important !

Si j'ai 100 000 euros de cash à placer, est-ce qu'acheter des actions en bourse au moment où elles n'ont jamais été aussi chères de l'histoire est pertinent ? Difficile de le savoir mais je préfère autant mettre mon argent ailleurs pendant cette période.

Pour comprendre les marchés, cela requiert d'abord une prise d'information régulière de leur évolution. Vous pourriez commencer tout simplement par lire l'actualité économique et financière dans les grands quotidiens, ou, mieux, en vous abonnant pour quelques euros à une revue spécialisée. Il vous suffit aussi d'allumer la télé ou la radio pour bénéficier en temps réel des informations sur l'évolution des marchés. L'information est à notre portée, il suffit d'avoir la curiosité et la motivation de s'en saisir.

Pôle 3 : La sphère des investissements

Cela nous amène au troisième pôle: la sphère des investissements. Dans mon métier de conseil en fiscalité et en investissements, je me rends compte que c'est l'un des domaines les plus complexes à appréhender pour mes clients. En effet, il y a une multitude d'actifs dans lesquels il est possible d'investir. Connaître toutes les classes d'actifs et être capable de les comparer entre elles tout en appréciant le niveau auquel elles se trouvent dans leur cycle, c'est le plus difficile. Je tente ici de vous énumérer les principaux investissements dans lesquels il est pertinent de développer des connaissances :

- les entreprises à racheter ou à créer soi-même,
- les biens immobiliers qui génèrent des revenus,
- les actions,
- les obligations,
- les sociétés non cotées dans lesquelles on peut investir sans s'impliquer dans leur gestion (sinon, cela deviendrait mon travail),
- les fonds communs de placement,

- les droits d'auteur résultant de la propriété intellectuelle via la musique, l'écriture, les brevets d'invention, pour lesquels vous êtes payés longtemps en ayant fait le travail une seule fois,
- tout ce qui crée de la valeur, génère des revenus, sur un marché porteur et qui puisse trouver facilement un nouvel acheteur (principe de liquidité).

Pôle 4 : la Sphère du droit

Enfin, le quatrième pôle est la sphère du droit. Avec la sphère des investissements, c'est celle qui prend le plus de temps à maîtriser mais c'est également celle qui est la plus simple à déléguer à d'autres professionnels.

Il s'agit notamment de comprendre les effets positifs de la détention de patrimoine via des sociétés ou encore d'appréhender les subtilités fiscales. Plusieurs domaines du droit se recoupent lorsqu'il s'agit de gestion de patrimoine : le droit fiscal, le droit des sociétés, et même le droit civil pour la partie successorale ou régimes matrimoniaux.

Ce qui est certain, c'est qu'un individu, qui connaît très bien les avantages fiscaux et la protection que procurent généralement les sociétés, peut devenir riche et libre beaucoup plus rapidement qu'un employé qui ne perçoit qu'un salaire. Le salarié marche vers sa retraite ; l'individu qui maîtrise les quatre pôles de l'intelligence financière vole vers la liberté et n'aura même pas l'occasion de comprendre le sens du mot retraite dans sa vie.

Les gens riches deviennent riches parce qu'ils sont capables de se créer de l'argent et des revenus passifs au lieu de contribuer à en générer pour les autres (salariat, impôts, charges sociales). Et, nous venons de le voir, il existe plusieurs moyens de générer des revenus passifs. Tous nécessitent un minimum d'investissement, même si certains ne requièrent que peu d'investissement financier au départ. En fait, ils requièrent surtout un type d'investissement essentiel : l'investissement sur soi.

J'ai eu la chance d'avoir un parcours scolaire et professionnel qui, sans que cela soit vraiment prémédité au départ, me confère une maîtrise des quatre pôles d'expertise nécessaires au développement de l'intelligence financière. C'est aussi une des raisons qui me pousse aujourd'hui à vouloir transmettre ces connaissances qui ont transformé ma vie.

• Investissez sur vous-même

Le meilleur investissement que vous pouvez faire est en effet d'investir sur vous-même. C'est de loin le plus rentable. Pourtant, faire ce constat est douloureux lorsqu'on est un professionnel de la gestion de patrimoine comme moi. Car mon métier, c'est de faire gagner de l'argent à mes clients ; soit en les aidant à créer des revenus ou du capital, soit en les aidant à faire des économies budgétaires ou fiscales.

Après 10 ans dans ce domaine, pour le compte de cabinets de conseils, de banques privées ou à mon propre compte, je dois me rendre à l'évidence. Tous les placements du monde, même à des rendements très élevés, ne vaudront jamais la capacité des gens à créer de la richesse lorsqu'ils consacrent eux-mêmes du temps et de l'énergie à développer des compétences dans un domaine d'activité qui en vaut la peine.

Pour appuyer mon propos, je voudrais citer une phrase que j'aime beaucoup du coach en développement personnel Anthony Robbins : « Une fois que vous saurez gérer votre temps, vous comprendrez à quel point il est vrai que la plupart des gens surestiment ce qu'ils peuvent accomplir en un an et sous-estiment ce qu'ils peuvent réaliser en une décennie.[1] »

En matière de placements financiers ou lorsque les gens se fixent des objectifs personnels ou professionnels, ils en attendent trop souvent un retour sur investissement à court terme. Déçus par l'absence de résultats immédiats, ils se découragent et passent à autre chose. Pourtant, des actions régulières et en cohérence avec la stratégie prédéfinie amènent des résultats sur le long terme qui vont finalement au-delà de nos espérances initiales. Si ce n'est pas le cas, vous pouvez en conclure que c'était la stratégie initiale qui n'était pas bonne.

Développez vos compétences

Sur ce sujet, je pense systématiquement à l'un de mes premiers clients rencontré il y a près de 10 ans. C'est un ingénieur prénommé Thierry qui, lors de notre première rencontre, souhaitait investir dans un logement destiné à la location pour des étudiants.

En bon ingénieur, il remettait souvent en cause mes calculs et il vérifiait chaque chiffre et chaque argument pour se rassurer. Après six mois de discussions, il a fini par acter chez le notaire l'investissement que je lui conseillais. Pendant cette période de négociation, alors que Thierry m'appelait les soirs et les week-ends pour me poser des questions, je me souviens encore des remarques de ma femme qui travaille dans la banque : « Laisse tomber ce client ! Même s'il finit par signer, il va te pourrir la vie. Des clients comme ceux-là, j'en vois tous les jours à la banque. C'est l'enfer ! »

1. Anthony Robbins : *Money: Master the Game: 7 simple steps to financial freedom,* Simon & Schuster, 2014.

Mais j'avais une vision différente. Je débutais. Je pensais qu'il était légitime que les clients se posent autant de questions et je prenais plaisir à trouver les réponses en relevant chaque défi que ce client m'imposait. Et dans cette histoire, j'ai pour une fois eu raison de ne pas écouter ma femme !

Finalement, le jour de la signature, j'ai fini par lui lâcher une petite phrase qui a eu par la suite des conséquences importantes dans sa vie : « Tu sais Thierry… (nous avions fini par nous tutoyer après tous ces échanges), tu as tellement creusé chaque détail de ton investissement que tu as développé une compétence sur le sujet du LMNP (location meublée non professionnelle) que la plupart des conseillers en investissement n'ont pas eux-mêmes. ». Flatté par le compliment, il a souri. Et sa femme a renchéri : « C'est vrai que je te verrais bien dans ce domaine. Cela t'a toujours plu et tu serais rassurant et pédagogue. » Après nous avoir remercié, sa femme et moi, pour ce partage sincère, nous avons changé de sujet.

Nous étions à l'été 2010. Au mois de septembre et après avoir fait un nouvel investissement en SCPI (Société Civile de Placement Immobilier) avec mon accompagnement, Thierry me rappelle :

– « Tu sais que notre dernière discussion m'a fait réfléchir tout l'été ! »

– « Ah bon ? De quoi avions-nous parlé ? »

– « En fait, cela fait quelques temps que je me dis qu'il faut que je change quelque chose dans ma vie… Je suis ingénieur expert dans ma boîte depuis longtemps. Je plafonne tant en termes de revenus que de développement de compétences… je ne peux pas aller plus haut et cela me frustre. »

– « Ok, et comment puis-je t'aider ? »

– « Tu m'as dit que tu me verrais bien dans ton métier. C'était sincère ? »

– « Oui, bien sûr ! »

– « Comment puis-je apprendre ? Car j'ai beaucoup de collègues de travail et d'amis qui viennent me demander conseil par rapport aux investissements que j'ai déjà réalisés... »

Il se trouve que compte tenu de mes diplômes et malgré ma jeunesse (26 ans à l'époque), je disposais déjà d'un agrément de formateur au sein du réseau de professionnels indépendants en gestion de patrimoine auquel j'appartenais. Cette plateforme qui réunissait plusieurs centaines de professionnels du secteur permettait à d'autres de se former au métier sous réserve d'être parrainé par un tuteur habilité.

Il a donc conservé son job d'ingénieur, par souci de sécurité pour sa famille, et nous avons démarré sa formation.

Nous sommes en 2018. Il est toujours ingénieur expert mais a développé en parallèle des compétences et une clientèle patrimoniale importante. Thierry est devenu beaucoup plus qu'un client. Il est devenu un ami et un confrère.

Avec le recul, je réalise que la proposition involontaire que je lui avais faite de développer ses propres compétences lui a permis de générer bien plus de revenus et de capital que les investissements que nous avions faits ensemble ! C'est donc le meilleur conseil financier que je lui avais donné.

En effet, au-delà des 200 000 € investis dont il ne profite toujours pas vraiment tant que le crédit n'est pas terminé, sa nouvelle activité professionnelle développée en parallèle de sa profession salariée lui a permis de générer plus de 700 000 € de chiffre d'affaires en 8 ans. Vous rendez-vous compte !? Il a plus que doublé son salaire et, encore plus important, il a trouvé un nouveau souffle dans sa vie professionnelle !

Cette histoire me procure encore aujourd'hui une grande fierté et je continue de prendre du plaisir à transmettre ce métier à d'autres.

Plus d'excuses !

Pourtant, combien d'entre nous pourraient vivre ce genre d'expérience mais n'osent pas ? Vous vous êtes peut-être dit en lisant l'histoire de Thierry : « Wow, c'est génial ! ». Mais la majorité d'entre vous restera sur ce constat, bloquée par des raisons – ou des excuses – qui vous empêchent de sauter le pas.

Il est vrai que devenir la meilleure version de vous-même ne se produit pas du jour au lendemain. Cela demande des efforts, de la constance et de la motivation. La plupart des gens veulent s'améliorer, mais peu y travailler vraiment. Certaines personnes font tout ce qu'elles peuvent pour être meilleures, plus intelligentes et performantes dans leur activité professionnelle mais elles atteignent un point où elles ne voient pas suffisamment de résultats et abandonnent. En général, elles abandonnent trop vite. Pourquoi ? Parce qu'elles tombent dans le piège des excuses. « Je suis trop vieux ». « Je n'ai pas le temps ». « Quelqu'un d'autre le fera ». « Il est trop tard maintenant ». « Je ne suis pas assez intelligent ». « Je ne suis pas prêt ». « J'ai trop peur ». Ce sont juste quelques-unes des excuses les plus fréquentes mais ce sont loin d'être les seules.

Voici cinq raisons fréquentes qui freinent les gens dans leur développement et qui pourraient vous gêner dans la réalisation de vos rêves dans la vie ou dans les affaires. Prenez-en connaissance et si vous vous reconnaissez dans l'une d'entre elles, vous saurez quelle excuse vous devrez refuser de vous donner à vous-même, à l'avenir !

Vous manquez de temps et vous arrêtez

La plupart des personnes auraient aimé commencer plus tôt, et pensent qu'il est trop tard pour commencer. Mais il n'est jamais trop tard pour tester vos idées. Leonard de Vinci avait 51 ans lorsqu'il a peint Mona Lisa. Jimmy Wales a commencé Wikipedia quand il avait 35 ans. D'ailleurs, en y réfléchissant bien, lorsque vous pensez qu'il est trop tard pour vous lancer, c'est moins votre âge qui vous pose un problème que le manque de convictions dans vos capacités. Vous avez peur de vous lancer et de vous trouver incapable d'accomplir votre projet, de réaliser votre rêve ou de concrétiser votre idée. Il existe plusieurs façons de surmonter ce problème. La première est de prendre conscience que si vous le voulez vraiment, vous trouverez une façon d'y arriver. Ne laissez pas de place au doute et restez focalisé sur votre objectif. La seconde est de rationaliser votre approche : quelles sont les ressources dont vous avez besoin pour y arriver ? Comment pouvez-vous vous les procurer ? En y réfléchissant bien, vous verrez qu'il existe toujours un moyen !

Prenez une décision aujourd'hui une bonne fois pour toute et ne faites plus mentalement machine arrière.

Vous manquez d'argent et vous abandonnez

Vous n'avez pas besoin de tout l'argent du monde pour devenir le meilleur dans ce que vous faites. Mais quand votre projet dépend en grande partie de vos ressources financières, il pourrait tomber à l'eau dès que vous manquez d'argent pour poursuivre. Par exemple, si vous gérez un projet spatial comme Elon Musk, votre succès dépend du nombre d'échecs que vous pouvez encaisser. Un seul lancement spatial raté peut tuer votre business si vous n'avez pas assez de ressources pour d'autres lancements.

La bonne nouvelle est qu'il n'est pas nécessaire de débarquer sur la lune pour réussir ou pour lancer un projet qui vous tient à cœur. Vous pouvez encore être le meilleur du monde dans ce que vous faites ou dans ce que vous voulez faire sans avoir besoin de l'argent d'investisseurs. L'argent n'est pas vraiment votre problème. Et en avoir plus résout rarement les autres questions et défis auxquels vous êtes confronté : trouver le produit ou le service qui répond réellement aux besoins des utilisateurs, savoir comment le produire ou l'exécuter, avoir le bon business model et être en mesure de créer une activité rentable et duplicable. Si vous avez une vision très claire de votre produit ou service, de sa finalité et de son processus de production et de distribution, vous trouverez l'argent pour y arriver.

• Vous avez peur et n'essayez même pas

Si vous avez peur, sachez que vous n'êtes pas seul. La crainte de l'échec est l'une des principales raisons pour lesquelles la plupart des idées ne sont jamais lancées. Il est tout à fait normal d'avoir peur. C'est un signal que notre cerveau nous envoie pour nous protéger d'une situation qu'il interprète comme dangereuse ou risquée. Mais la peur ne nous dit pas quoi faire, elle est juste une information, une suggestion que nous pouvons décider de prendre en compte ou non. Ceux qui sont dominés par leur peur n'accomplissent jamais rien. Ceux qui prennent leur peur en compte mais décident en conscience de la dépasser développent une double compétence très utile aux performeurs : ils évaluent les risques avec acuité et agissent rationnellement.

Souvent, la peur de l'échec est liée à celle du jugement. Cela vient du fait que nous avons tous grandi dans un environnement social au sein duquel le jugement que les autres portent sur nous est permanent et peut nous « disqualifier », c'est-à-dire nous empêcher d'accéder à la reconnaissance sociale de nos pairs. Pour dépasser la peur du jugement social, plusieurs solutions s'offrent à vous. D'abord, rendez-vous compte que votre peur n'est pas proportionnelle à la réalité : les entrepreneurs qui échouent seront moins durement jugés que ceux qui n'entreprennent rien. Ensuite, apprenez à être émotionnellement indépendant : les gens qui atteignent la liberté sont maîtres de leur jugement, ils ne laissent pas celui des autres interférer avec leurs sentiments ou leurs projets.

S'il est normal d'avoir peur, cela ne doit pas vous empêcher de montrer au monde ce dont vous êtes capable. « Le plus grand risque est de n'en prendre aucun » dit Mark Zuckerberg qui déclare aussi : « Dans un monde qui change vraiment rapidement, la seule stratégie qui garantit l'échec est de ne pas prendre de risques. »

Le courage n'est pas l'absence de peur mais la victoire sur elle. Ne laissez pas la peur dominer votre passage à l'action.

Vous en parlez beaucoup mais ne commencez rien

Il y a des gens qui passent leur vie à avoir des projets... mais qui n'en réalisent jamais aucun. Ils se contentent de rêver et se leurrent eux-mêmes en s'imaginant que le fait de parler de leur projet constitue une avancée de taille dans sa réalisation. Ou bien, ils ne prennent pas au sérieux leurs idées, parce qu'au fond ils ne se font pas pleinement confiance.

Avoir des idées, c'est la base. Parler de ses projets, c'est important. Mais ne faire que penser ou parler ne suffira pas. En fait, si vous ne faites que penser ou parler de votre projet, vous finirez par épuiser l'énergie et l'enthousiasme qui y sont associés avant même d'avoir commencé quoi que ce soit. Et vous ne réaliserez rien. Alors, cessez de parler et commencez à agir. Vous pouvez avoir l'idée la plus brillante du monde, mais si vous ne la prenez pas au sérieux, elle restera probablement dans votre tête pour le reste de votre vie. Voulez-vous passer le reste de votre vie à rêver d'une vie meilleure ou agir aujourd'hui et réaliser vos rêves devant le monde entier ?

Vous ne pouvez changer ni votre vie ni le monde en faisant du sur place. Il est confortable de rester en terrain neutre mais il vous faudra sortir de votre zone de confort pour réussir. Vous seul avez le pouvoir pour décider d'aller plus loin.

Vous perdez de l'intérêt et ne finissez jamais ce que vous commencez

Beaucoup de personnes perdent facilement leur concentration sur leurs objectifs. Ils ne parviennent pas à se focaliser suffisamment longtemps pour les atteindre. Ils commencent des démarches, se lancent, et puis passent à autre chose. Mais, devinez quoi ? Elles feront la même chose avec le prochain projet : elles le commenceront, se lasseront, et passeront à autre chose sans jamais finir.

Certaines personnes ne se lassent pas de leurs projets, mais s'épuisent par manque de focalisation. Elles ont généralement un esprit bouillonnant, des tas d'idées toutes plus intéressantes les unes que les autres qui émergent grâce à un esprit vif, curieux et ouvert. Toutefois, en cherchant à réaliser toutes leurs idées à la fois, souvent sans une stratégie assez claire, elles finissent par ne pas voir la ligne d'arrivée et s'épuisent avant d'avoir réalisé quoi que ce soit. Elles courent après plusieurs lièvres jusqu'à s'essouffler sans parvenir à en attraper aucun. Mieux vaut commencer par réaliser un projet, avant d'en articuler plusieurs. Cela viendra en son temps.

La clé de la réussite, c'est le focus. Vos nouvelles idées peuvent vous stimuler et vous apporter de l'excitation, mais si vous ne pouvez pas vous en tenir à une chose et aller jusqu'au bout, vous ne pourrez jamais réaliser quoi que ce soit de valable. Une bonne façon de maintenir le focus est de se fixer des objectifs réalistes, de fixer des échéances claires et une stratégie précise pour y parvenir. Il faut aussi s'engager à 100 % dans la réalisation des objectifs que l'on se fixe.

En conclusion de ce chapitre, ce qui me vient à l'esprit est cette expression bien connue dont je ne connais pas l'origine : « dire c'est faire rire, faire c'est faire taire. ». En version anglo-saxonne, il y a aussi le slogan génial inventé par Nike en 1977 : «*Just Do It*». En réalité, c'est un condamné à mort de l'État de l'Utah qui a inspiré cette phrase publicitaire. Ce fût ses dernières paroles. Comme un symbole de regret pour tout ce qu'il aurait dû faire mieux, bien et jusqu'au bout.

Lorsque Nike a sorti ce slogan, il fût tout de suite encensé par la critique comme en témoigne l'extrait du *Campaign Magazine* : « c'est sans doute le meilleur slogan du XXème siècle. Il transcende les barrières d'âge et de classe et fait croire aux consommateurs qu'ils peuvent aussi rencontrer le succès juste en portant des produits Nike ».

Cette phrase, nous pouvons nous la répéter et notre cerveau croira en notre réussite. Nul besoin de porter des baskets pour cela.

Exercices

Quel domaine de l'intelligence financière dois-je travailler ?

Répondez aux questions ci-dessous pour identifier le domaine de l'intelligence financière dans lequel vous devez progresser, et prenez les décisions qui s'imposent.

L'analyse financière :

- Est-ce que je sais lire un relevé de compte ?
- Est-ce que je gagne plus d'argent que je n'en dépense (est-ce que je parviens à épargner régulièrement) ?
- Dans ma vie personnelle, est-ce que je définis et maîtrise mon budget ?
- Est-ce que je comprends comment lire le bilan financier d'une entreprise ?
- Est-ce que je suis capable de mesurer la rentabilité d'un investissement potentiel ? Brute ? Nette de charges ? Nette de fiscalité ?
- Est-ce que j'ai déjà réalisé des investissements à même de créer des revenus passifs ?

La compréhension des marchés :

- Est-ce que je comprends clairement le principe de l'équilibre entre l'offre et la demande ?
- Est-ce que je comprends ce qu'est un cycle de marché ?

- Est-ce que je sais quels comportements adopter en fonction de l'évolution des cycles de marchés ?
- Est-ce que j'ai identifié une source d'information que j'utilise régulièrement pour m'informer et d'approfondir ma compréhension des marchés ?

La sphère des investissements :

- Est-ce que je comprends ce qu'est un actif, ou une classe d'actifs ?
- Est-ce que j'ai une connaissance ou de l'expérience relative à l'une des classes d'actifs ci-dessous ?

– création ou rachat d'entreprise ;

– immobilier de rendement ;

– actions ;

– obligations ;

– sociétés non cotées ;

– fonds communs de placement ;

– les droits d'auteurs et brevets ;

La sphère du droit :

Ai-je déjà suivi des formations ou des séminaires sur les domaines suivants :

- Droit fiscal ;
- Droit des sociétés ;
- Droits de successions et régimes matrimoniaux.

Sinon, ai-je des professionnels de confiance autour de moi pour m'accompagner sur ces sujets ?

Parmi les domaines ci-dessus, y a-t-il un domaine que je souhaite explorer ou dans lequel je pense que je devrais m'améliorer ?

Parmi la liste des excuses suivantes pour ne pas m'améliorer et abandonner mes rêves, quelle est/ quelles sont, celles que je dois abandonner dès aujourd'hui ?

- Il est trop tard pour se lancer
- Je suis trop vieux pour me lancer
- Je ne suis pas capable de réaliser mon rêve
- Je manque d'argent pour réaliser mon projet
- J'ai peur de me lancer
- J'appréhende les jugements négatifs qui pourraient être portés sur mon projet
- Je ne me fais pas suffisamment confiance
- J'ai peur de quitter ma zone de confort
- Je me lasse vite
- Je suis trop dissipé et éparpillé pour réussir un projet
- Autre excuse de votre choix : ...

Quelles sont les ressources dont j'ai besoin pour progresser dans le domaine de mon choix ?

Que puis-je faire dès aujourd'hui pour progresser dans ce domaine ?

---

1. Robert Kyosaki, *Père Riche, Père Pauvre*, Un monde différent, 2001, 240 p.

1. Robert Kyosaki, *Augmentez votre intelligence financière*, Un monde différent, 2009, 288 p.

4.
Maîtriser votre pensée et vos émotions

• Commencez par la pensée positive

Je partage le constat de Tony Robbins selon lequel notre vie est en grande partie le produit de trois micro-décisions que nous prenons à chaque instant de nos vies.

Si nous laissons les influences extérieures, ou le poids de nos habitudes, guider ces micro-décisions, nous finissons avec des vies semblables à la majorité de la population : avec une tendance à être en mauvaise forme physique, épuisée émotionnellement, ancrée dans une routine lassante, tant sur le plan professionnel que sur celui des relations personnelles, et dépourvue de sécurité financière.

Mais si nous prenons ces décisions en toute autonomie et de façon pleinement consciente, nous pouvons littéralement changer notre vie en un instant ! Parmi ces décisions, il en est trois qui déterminent la qualité de la vie. Passons-les en revue.

Décision 1 : Sur quoi allez-vous concentrer vos pensées ?

À tout instant, il y a des millions de choses auxquelles nous pourrions penser ou sur lesquelles nous pourrions focaliser notre attention. Nous pouvons nous concentrer sur ce qui est en train de se passer ici et maintenant, ou sur ce que nous voulons créer à l'avenir, ou bien sur les événements d'un passé révolu sur lequel nous n'avons plus prise. Nous pouvons diriger notre attention sur un défi à relever ou sur la beauté du moment présent, ou encore sur une expérience douloureuse qui nous cause encore de la peine. Si nous ne réorientons pas consciemment notre attention, notre environnement s'en charge à notre place : nous devenons alors l'agent passif de notre environnement au lieu d'être l'auteur de notre vie.

Pour parvenir à réorienter consciemment votre attention, commencez par analyser ce sur quoi vous avez tendance à la porter. Vous pouvez faire l'exercice en prenant quelques minutes à la fin de votre journée pour faire ce bilan : à quoi mon esprit a-t-il été occupé aujourd'hui ?

Quelle personne, quel sujet, quelle préoccupation a accaparé votre attention, ou absorbé votre énergie mentale ? Était-ce conforme à votre volonté ou avez-vous le sentiment d'avoir « subi » vos préoccupations ? Avez-vous cédé à la passivité en acceptant de vous concentrer sur ce que vous suggéraient les médias, les réseaux sociaux ou les discussions sans intérêt de certains membres de votre entourage trop envahissants ?

Questionnez ensuite la qualité de ce sur quoi vous focalisez le plus votre attention : est-ce sur ce que vous possédez, ce dont vous jouissez ou ce que vous parvenez à accomplir ? Ou bien est-ce au contraire sur ce qui vous manque, sur vos lacunes – ou celles des autres – et sur ce qui est absent de votre vie ? C'est sans doute un mélange des deux, mais si vous observez vos pensées les plus fréquentes, à quoi réfléchissez-vous la plupart du temps ?

Il est plus facile de se focaliser sur ce qui nous manque ou sur ce qui ne va pas, mais il est plus bénéfique à long-terme d'apprendre à prêter attention à ce que nous avons. Cela peut paraître paradoxal, mais apprendre à compter les bienfaits dont nous jouissons et se réjouir de ce que l'on a, constitue un moteur pour progresser.

Ce moteur est accessible à tout le monde. Même ceux d'entre nous qui sont dans des situations difficiles peuvent ressentir l'abondance dans leur vie et l'apprécier. Presque la moitié du monde, soit plus de trois milliards de personnes, vit avec moins de 2,50 € par jour, ce qui fait un peu plus de 900 € par an. Au moment où j'écris ces lignes, je bois une canette de soda qui vient de m'être facturé 4,50 € dans un Novotel à Montpellier. C'est cher mais si vous pouvez vous permettre cela de temps en temps, vous dépensez déjà presque deux fois plus pour un soda que la moitié de la planète qui doit vivre avec moitié moins pour la journée. Cela remet les choses en perspective, n'est-ce pas ?

Plutôt que de se concentrer sur ce que nous n'avons pas en enviant ceux qui sont plus aisés financièrement, nous pouvons choisir consciemment de reconnaître qu'il y a dans nos vies d'innombrables raisons d'être reconnaissants. La plupart de ces raisons n'ont rien à voir avec l'argent : nous pouvons être reconnaissants pour notre santé, nos amis, nos opportunités, notre capacité intellectuelle, le fait que nous puissions conduire sur des routes que nous n'avons pas eu à construire, lire des livres que nous n'avons pas dû mettre des années à écrire, et nous connecter sur Internet sans avoir eu besoin de créer de toute pièce l'infrastructure informatique qui nous permet d'y avoir accès.

Et je devine que si vous lisez ceci, vous faites vraisemblablement déjà partie de ces personnes qui apprécient ce qu'elles ont. Mais la vraie question est : prenez-vous du temps pour vous sentir profondément reconnaissant dans votre esprit, votre corps et votre cœur ? C'est là où la joie et les plus beaux cadeaux de la vie seront trouvés. Ce n'est ni par une analyse purement intellectuelle ni par l'argent, mais par l'exercice de la reconnaissance que le bonheur et les solutions adviennent. C'est simple à faire : prenez quelques minutes chaque jour pour noter trois à cinq choses pour lesquelles vous pouvez être reconnaissants et prenez le temps de vous imprégner totalement de ce sentiment de gratitude.

Développer une habitude de reconnaissance systématique pour ce que vous avez génèrera un nouveau niveau de bien-être et de richesse émotionnelle. En fait, les études scientifiques montrent que l'exercice régulier de la reconnaissance ou de la gratitude favorise notre plasticité neuronale : cela stimule nos circuits cérébraux dans un sens qui nous rend plus apte à l'adaptation et la résolution de problèmes.

Décision 2 : Comment interprétez-vous ce qui vous arrive ?

Notre ressenti sur la qualité de nos vies n'a rien à voir avec les événements de la vie, notre situation financière ou ce qui nous est arrivé ou pas. La qualité de nos vies est déterminée par la signification que nous donnons aux choses et aux événements et ce, à chaque instant de notre vie. Le plus souvent, nous ne sommes pas conscients de l'impact de ces interprétations spontanées, presque immédiates que nous produisons à propos du monde qui nous entoure. Les décisions quant à la façon dont nous interprétons ce monde sont souvent prises de façon non-consciente, à partir de schémas de représentations que nous avons hérités de nos parents, professeurs ou encore des médias.

Quand quelque chose se produit et perturbe votre vie, par exemple un accident de voiture, un problème de santé ou une perte d'emploi, avez-vous tendance à penser qu'il s'agit d'une fin ou d'un début ? Si quelqu'un vous met face à vos problèmes ou à vos erreurs, l'interprétez-vous comme un comportement insultant ? Vous dites-vous que c'est encore un donneur de leçons ou quelqu'un qui « s'inquiète » pour vous ? Cet événement de vie déstabilisant signifie-t-il pour vous que le ciel vous punit, ou qu'il vous lance un défi ? Est-il possible que ce soit un cadeau venu d'ailleurs ? Ce qui est sûr, c'est que votre vie aura le sens que vous décidez de lui donner.

En modifiant la façon dont vous interprétez les choses et les événements, vous pouvez changer votre état émotionnel du tout au tout. Interpréter les choses positivement constitue un levier pour modifier votre état et changer la donne de votre vie.

Pour modifier la façon dont vous interprétez les choses dans un sens plus constructif, un exercice simple consiste à prendre une situation compliquée ou inconfortable à laquelle vous faites face et à vous demander : comment puis-je transformer cette situation en une opportunité de progrès ? Comment cela va-t-il m'aider à acquérir des qualités et vivre des expériences propices à la réalisation de mes objectifs de vie ?

Nous pouvons trouver un sens constructif à tout ce qui nous arrive, y compris le pire. Nous pouvons même trouver du sens à la douleur, quand celle-ci advient. Et quand nous le faisons, même si la douleur ne cesse pas, la souffrance physique qui y est associée peut être atténuée, voire disparaître.

Prenez le contrôle, et rappelez-vous : l'interprétation détermine l'émotion, et l'émotion détermine la qualité de vie. Choisissez consciemment et avec sagesse. Trouvez une signification positive en toute chose, et la richesse, dans son sens le plus profond, vous appartiendra dès aujourd'hui.

Décision 3 : Qu'allez-vous faire ?

Les actions que nous mettons en place sont forgées par les états émotionnels dans lesquels nous nous trouvons. Si nous sommes en colère, nous allons nous comporter très différemment que si nous nous sentons joyeux ou si nous avons l'esprit blagueur.

Mais même deux personnes en colère se comporteront différemment. Certaines se ferment quand elles sont fâchées, d'autres l'expriment clairement. Certaines expriment la colère tranquillement quand d'autres crient ou deviennent violentes. Certaines la masquent pour l'oublier ou chercher une occasion de se venger, et d'autres l'évacuent par le sport ou autrement.

D'où viennent ces réactions ? Nous avons tendance à vouloir modeler notre comportement sur les personnes que nous respectons, apprécions, aimons et qui font partie de nos vies. Alors, que penser des personnes qui nous ont frustré ou énervé ? Nous rejetons souvent leurs façons de faire, mais si ces elles sont proches de nous, bien souvent, nous retombons dans le schéma dont nous avons été témoin maintes et maintes fois.

Il est très utile de prendre conscience de vos schémas et réactions quand vous êtes frustré, fâché, triste ou lorsque vous vous sentez seul, parce que vous ne pouvez pas changer votre modèle si vous n'en avez pas conscience.

La prochaine fois que vous éprouvez des émotions plutôt désagréables ou qui ne vous disposent pas à agir dans le sens de vos objectifs et idéaux, prenez le temps de vous arrêter et d'analyser ce qui se passe en vous : comment réagissez-vous à l'émotion qui se présente ? Comment préféreriez-vous réagir maintenant que vous vous rendez compte que vous avez le choix ?

Maintenant que vous connaissez la puissance de ces trois décisions, vous pouvez commencer à rechercher des gens autour de vous qui ont ce que vous voulez dans la vie, que ce soit sur un plan émotionnel ou matériel. Je vous promets que ceux qui ont des vies équilibrées et passionnantes ont une approche totalement différente vis-à-vis des «problèmes» que les personnes qui réagissent violemment ou qui se jugent constamment. Pas besoin d'avoir fait des études en aéronautique pour le comprendre. Si vous arrivez à identifier les différences dans la façon dont d'autres personnes (auxquelles vous avez envie de ressembler) prennent ces trois décisions, vous vous engagerez sur une voie qui peut vous aider à créer un changement positif permanent dans n'importe quel secteur de votre vie.

Il est si facile de perdre la vision et la reconnaissance pour ce que nous avons déjà! Si nous ne faisons pas consciemment quelque chose chaque jour pour planter les bonnes graines dans notre esprit, alors «les mauvaises herbes de la vie» – la frustration, la colère, le stress, la solitude – ont tendance à s'immiscer. Vous n'avez pas besoin de planter de mauvaises herbes, elles poussent toutes seules. L'un de mes mentors m'a enseigné un principe simple: chaque jour, monte la garde à la porte de ton esprit, et toi seul décideras des pensées et croyances que tu laisseras entrer dans ta vie. Parce que ce sont elles qui créeront toutes tes émotions et ressentis, même le fait de se sentir riche ou pauvre, maudit ou chanceux.

• Pratiquez le contraste mental

Vous êtes sceptiques? Cela vous semble trop simpliste. Ah oui, c'est vrai nous sommes français! Vous vous dites que ces idées «à l'américaine» cela n'est pas pour vous. Nous avons été éduqués à la critique systématique et, souvent, nous finissons par confondre doute raisonnable ou évaluation rationnelle des faits avec un scepticisme généralisé qui nous conduit à aborder avec un biais négatif toutes les idées qui se présentent à nous.

Et puis, qu'on le veuille ou non, que ce soit par notre éducation ou notre nature, certains d'entre nous sont plus négatifs et pessimistes. J'ai quand même une bonne nouvelle pour vous. Des études démontrent que si voir le verre à moitié plein est certainement une bonne chose, y ajouter un zeste de négativité et de réalisme serait plutôt sain et que cela peut même vous aider à avoir un meilleur niveau de motivation profonde et de résultats.

Ces études ont conduit au développement d'une méthode que l'on appelle le « contraste mental ». Elle tranche avec l'affirmation idéologiquement biaisée et pratiquement fausse que la positivité impliquerait de bannir la critique, ou de nier la complexité de la réalité à laquelle nous devons faire face lorsque nous conduisons nos projets.

C'est Gabriele Oettingen, professeur de psychologie à l'université de New York et à l'université de Hambourg, qui a fait émerger cette idée. Sa méthode du contraste mental, fruit de plus de 20 années de recherches, a confirmé son intuition selon laquelle « rêver extasié n'est pas aussi puissant que ce qu'on nous laisse croire.[1] »

Selon Oettingen, la pensée positive par elle-même fait peu pour nous faire avancer vers nos buts et pourrait même nous porter préjudice.

Les recherches qu'elle a conduites montrent que le simple fait de penser et de rêver à son futur réduit la probabilité que les personnes atteignent leurs buts. Elle a notamment découvert

1. Gabriele Oettingen : *Rethinking Positive Thinking: Inside the New Science of Motivation*, Current, 2015.

que les étudiants qui fantasment au sujet de leur union avec leur partenaire de couple sont moins susceptibles de s'impliquer avec cette personne. Elle a aussi constaté chez des femmes en surpoids engagées dans un programme censé faciliter leur perte de poids, que plus ces dernières idéalisaient le programme, moins elles en perdaient, que ce soit sur une période de trois mois ou de deux ans : autrement dit, parmi le panel de femmes étudiées, celles qui avaient le plus d'*a priori* positifs quant à l'efficacité du programme avaient tendance à perdre moins de poids que celles qui abordaient le programme de façon moins idéalisée. La raison en était relativement simple : un trop fort optimisme quant au résultat final génère une sorte d'excès de confiance qui limite la capacité des sujets à se mobiliser pour atteindre l'objectif. Le phénomène est très connu des sportifs, qui savent à quel point il est aussi important de croire en la victoire que de ne pas prendre à la légère les obstacles qui se dresseront sur leur chemin.

Peut-être vous demandez-vous comment un excès de confiance en l'avenir ou en l'issue d'un projet peut-il avoir des effets contre-productifs ? En voici le mécanisme : lorsque je rêve et que je pense à mon futur, cela laisse croire à mon esprit que mes souhaits s'accompliront. Dans mon esprit, j'ai déjà atteint l'avenir désiré, de sorte que je ne mobilise pas l'énergie qu'il faudrait pour relever les défis qui vont se présenter à moi pour réaliser mon rêve dans la vie réelle. Littéralement, rêver pousse notre esprit à nous contenter de rêver et vivre sur l'espoir vain que les rêves se réaliseront d'eux-mêmes. Lorsque les gens se visualisent comme ayant déjà atteint leurs buts, ils ne se préparent pas aux obstacles et n'auront pas la motivation nécessaire pour appuyer sur les pédales lorsque la montée deviendra raide. Surpris par la raideur du chemin, ils pourraient même alors renoncer à leurs rêves.

Les projections mentales positives sont bénéfiques lorsque nous avons besoin de trouver de nouvelles idées, d'envisager des projets et que nous sommes dans une démarche d'innovation. Mais il faut que ces projections soient équilibrées par une dose de réalisme.

Plutôt que de pratiquer la pensée positive, Oettingen propose donc la méthode plus probante du « contraste mental. »

Elle nous demande de rêver nos rêves, mais aussi de visualiser les barrières personnelles qui pourraient nous empêcher de les réaliser. Ses études prouvent que quand nous exécutons cet exercice du contraste mental, nous gagnons paradoxalement en énergie pour agir. Et quand nous allons plus loin dans l'exercice en spécifiant les actions que nous avons l'intention de mener… lorsque les obstacles surgiront, nous gagnons encore plus d'énergie et de motivation.

La pratique du contraste mental nous permet d'être à la fois des rêveurs et des faiseurs.

Mais attention, le contraste mental ne consiste pas à devenir pessimiste. Les recherches d'Oettingen nous poussent au contraire à changer de regard sur les obstacles qui se présentent à la réalisation de nos projets : ceux que nous pensons être les plus sérieux à franchir et qui pourraient nous empêcher de réaliser nos envies les plus sincères peuvent finalement accélérer leur réalisation, si nous les identifions clairement et les traitons comme des défis à relever.

Si nous combinons une vision positive de l'avenir avec les obstacles de la réalité, alors nous avançons. Si nous voyons que les obstacles sont insurmontables, nous réalisons que ces rêves ne sont pas atteignables et nous pouvons les abandonner tout de suite. Nous devenons alors plus sélectifs dans les projets que nous allons poursuivre et sur lesquels nous allons concentrer nos efforts. Le contraste mental nous aide à alléger la pression de la vie.

La méthode WOOP

Pour que la pratique du contraste mental soit complète, il est nécessaire d'y ajouter une autre dimension : celle de la stratégie. Si vous décomposez le processus par lequel les gens se préparent à atteindre leurs buts, vous pouvez distinguer deux phases : une première phase pendant laquelle ils évaluent les options et pèsent le pour et le contre de chaque voie possible, puis une deuxième phase durant laquelle ils planifient des actions concrètes pour avancer vers l'objectif.

Cette deuxième phase est indispensable. Créer un plan d'action, c'est le signe que l'on est réellement déterminé à atteindre l'objectif. C'est aussi se préparer à maintenir un niveau élevé de détermination lorsque viendra le temps de la réalisation. En effet, les personnes qui planifient correctement la réalisation de leurs buts identifient les obstacles potentiels qui se dresseront sur le chemin et préparent à l'avance la réaction qu'elles devront adopter. Ce faisant, elles ne se contentent pas d'envisager ce qui pourrait advenir : elles visualisent et approuvent mentalement les comportements qu'elles adopteront lorsqu'elles seront face à l'obstacle.

Oettingen synthétise l'ensemble de ce processus par l'acronyme WOOP : *Wish, Outcome, Obstacle, Plan.* Ce qui donnerait en français SROP : *Souhait, Résultat, Obstacle, Planification. À chacun de ces termes correspond une question à se poser pour clarifier un objectif que vous souhaiteriez atteindre et vous préparer pour y parvenir :*

- *Wish* [Souhait] : qu'est-ce que je désire vraiment ?
- *Outcome* [Résultat] : quel est le meilleur résultat possible que je puisse envisager ?
- *Obstacle* [Obstacle] : quels sont les obstacles qui pourraient se dresser sur ma route et m'empêcher d'atteindre ce résultat ?
- *Plan* [Planification] : que vais-je faire pour surmonter ces obstacles ?

Vous pouvez utiliser la méthode WOOP pour atteindre une nouvelle étape importante dans votre carrière ou améliorer vos compétences dans n'importe quel domaine. Il peut être employé pour vous aider à atteindre vos objectifs, quels qu'ils soient, à court terme ou à long terme, grands ou petits.

Surmontez les défis qui s'opposent à la mentalité du succès

Les personnes qui réussissent abordent donc les problèmes d'une façon bien particulière combinant optimisme et réalisme. Là où d'autres voient des barrières infranchissables, elles voient des challenges à surmonter et des obstacles à franchir.

Martin Seligman, chercheur à l'Université de Pennsylvanie, a étudié ce phénomène et il a découvert que le succès dans la vie repose sur la façon dont nous nous représentons l'échec : si vous croyez que vos échecs sont produits par des lacunes personnelles indépendantes de votre volonté, le succès sera plus dur à rencontrer. À l'inverse, si vous croyez que vos échecs sont le produit d'erreurs que vous pouvez résoudre avec quelques efforts, vous mettez toutes les chances de réussir de votre côté.

Seligman a même identifié une corrélation entre la dépression et ce type de croyance que nous entretenons vis-à-vis de l'échec[1].

La mentalité du succès exige de l'intelligence émotionnelle, et il n'est pas surprenant que, parmi les millions de personnes qui ont été examinées, 90 % des *top performers* ont un quotient émotionnel élevé. Mais maintenir la mentalité du succès n'est pas facile. Il y a six obstacles, en particulier, qui tendent à la briser. Ces obstacles démotivent certaines personnes parce qu'elles ont le sentiment qu'il s'agit de barrières qui ne peuvent pas être surmontées. Ce n'est pas le cas des personnes qui réussissent, car ces six défis ne les retiennent pas dans leur intention d'agir.

L'âge

L'âge est juste un nombre. Les personnes qui réussissent ne laissent pas leur âge définir qui elles sont et ce dont elles sont capables.

Je me rappelle d'un professeur d'école de commerce qui disait à notre classe que nous étions trop jeunes et inexpérimentés pour faire du consulting à notre compte. Il disait que nous devions d'abord travailler pour une autre société pendant plusieurs années avant de pouvoir espérer réussir en tant que consultants indépendants. J'étais un des jeunes dans la classe. J'étais assis dans la salle en en ayant déjà créé une société de conseils qui générait du chiffre d'affaires, au moment où il nous rabâchait ses salades.

À l'inverse, si vous approchez de l'âge de la retraite, votre entourage vous dira probablement qu'il est trop tard pour vous lancer dans l'entrepreneuriat.

1. Martin Seligman, *La force de l'optimisme, Apprendre à faire confiance à la vie*, Pocket, 2012.

Malgré eux, les gens se sentent obligés de vous dire ce que vous devriez ou ne devriez pas faire à cause de votre âge. Ne les écoutez pas car ils partagent avec vous leurs propres limites, pas les vôtres. Les personnes qui réussissent suivent leur cœur et permettent à leur passion d'être leur guide.

Ce que pensent les autres

Quand votre satisfaction et vos sensations de réussite sont gâchées à cause de la comparaison aux autres, vous n'êtes plus le maître de votre propre destin. Même s'il est impossible de vous empêcher de réagir face aux critiques des autres, il n'est pas nécessaire de comparer vos réussites à celles des autres. Faites-en sorte de connaître votre valeur et ne pas laisser les autres affecter votre confiance.

Les personnes qui réussissent savent que s'inquiéter de ce que pensent les autres est un gaspillage de temps et d'énergie. Quand les personnes qui réussissent se sentent bien grâce à ce qu'elles ont accompli, elles ne laissent personne leur retirer ce sentiment.

Peu importe ce que les gens pensent ou disent de vous, une chose est certaine: vous n'êtes jamais aussi bon ou aussi mauvais que ce qu'ils disent.

La peur

La peur n'est rien d'autre qu'une émotion alimentée par votre imagination. Le danger existe. C'est la sensation d'inconfort et l'adrénaline que vous ressentez si vous vous retrouvez face à un autobus. En revanche, entretenir la peur est un choix.

Les personnes qui réussissent le savent mieux que quiconque, et elles renversent ce sentiment dès qu'il tente de les envahir. Elles sont accros au sentiment de puissance qu'elles ressentent lorsqu'elles parviennent à surpasser leurs craintes. Ainsi, le plaisir qu'elles éprouvent devient plus puissant que la peur.

Ne vous retenez jamais d'agir dans la vie juste parce que vous vous sentez effrayé. J'entends souvent des personnes dire, « Quelle serait la pire chose qui puisse t'arriver ? Est-ce que cela te tuerait ? » La mort physique n'est sans doute pas plus terrible que d'être mort à l'intérieur alors que vous êtes encore en vie.

Le passé ou l'avenir

Comme la peur, le passé et l'avenir sont des produits de votre esprit. Votre niveau de culpabilité ne peut pas changer le passé, et votre niveau d'inquiétude ne changera pas l'avenir.

Les personnes qui réussissent le savent, et elles se concentrent pour vivre l'instant présent. Il est impossible d'atteindre votre potentiel si vous êtes constamment ailleurs, incapable d'être réaliste sur votre état présent, qu'il soit bon ou mauvais.

Pour vivre le moment présent, vous devez faire deux choses. D'abord, accepter votre passé. Si vous ne faites pas la paix avec votre passé, il ne vous lâchera jamais et il créera votre avenir. Les personnes qui réussissent savent que la seule bonne raison de regarder le passé c'est pour constater le chemin parcouru. Ensuite, il faudra accepter l'incertitude de l'avenir sans se mettre de pression inutile. L'inquiétude n'a pas sa place dans l'instant présent. Comme Mark Twain l'a dit : « S'inquiéter est comme payer une dette que vous n'avez pas. »

L'état du monde

Concentrez-vous sur les actualités pendant un certain temps et vous verrez qu'on ne parle que de cycles de guerres sans fin, d'attaques violentes, d'économies fragiles, de faillites et de catastrophes environnementales. Il devient alors facile de penser que le monde est en train de s'effondrer.

Et qui sait ? Peut-être l'est-il vraiment. Mais les personnes qui réussissent ne s'inquiètent pas de cela parce qu'elles savent qu'il ne sert à rien de passer son temps sur des sujets qu'elles ne peuvent contrôler. Au lieu de cela, elles concentrent leur énergie sur les deux choses qu'elles maîtrisent : leurs objectifs et leurs actions. Elles se concentrent sur toutes les choses pour lesquelles elles pourraient être reconnaissantes, et elles recherchent les choses positives qui se produisent dans le monde. Elles sont centrées sur leurs actions et sur ce qu'elles peuvent faire chaque jour pour améliorer leur propre vie et le monde autour d'elles.

La négativité (la vôtre et celle des autres)

La vie n'ira pas toujours dans le sens que vous voulez, mais chaque jour vous avez les mêmes vingt-quatre heures que tous les autres. Les personnes qui réussissent sont conscientes du temps qui passe. Au lieu de se plaindre de la façon dont les choses pourraient avoir été ou devraient avoir été, elles se concentrent sur toutes les raisons pour lesquelles elles devraient être reconnaissantes. Alors elles trouvent la meilleure solution possible, abordent et règlent les problèmes, et poursuivent leur route.

La négativité qui vient de l'extérieur doit aussi être évitée, parce qu'elle est très nocive. Les personnes qui se plaignent sans arrêt ou qui ne remarquent que ce qui ne va pas dans leur vie, finissent par être prisonnières de leur spirale de négativité nocive, et vous n'avez pas à être emprisonné avec eux. Si quelqu'un qui se plaint en permanence fumait à côté de vous, resteriez-vous là toute l'après-midi à respirer sa fumée passivement ? Bien sûr que non. Vous prendriez vos distances, et vous devriez faire la même chose avec toutes les personnes systématiquement négatives et qui deviennent de ce fait toxiques.

Les personnes qui réussissent croient en une notion simple : vous êtes la moyenne des cinq personnes avec lesquelles vous passez le plus de temps.

Pensez juste aux services informatiques. Les sociétés ayant connu le plus de réussite dans l'histoire récente ont été fondées par des duos brillants. Steve Jobs et Steve Wozniak d'Apple ont vécu dans le même voisinage ; Bill Gates et Paul Allen de Microsoft se sont rencontrés au lycée ; Sergey Brin et Larry Page de Google étaient à Stanford ensemble.

De la même façon que certaines personnes géniales peuvent vous aider à atteindre votre plein potentiel, d'autres personnes toxiques peuvent vous tirer vers le bas avec elles. Que ce soit la négativité, la cruauté, l'auto-victimisation systématique ou la simple folie, les personnes toxiques créent du stress et des énergies négatives qui doivent être évitées à tout prix.

Si vous êtes peu satisfait de votre vie, jetez juste un coup d'œil autour de vous. Le plus souvent, les personnes avec lesquelles vous passez le plus de temps sont la racine de vos problèmes.

Vous n'atteindrez jamais le sommet de vos capacités tant que vous êtes entourés des mauvaises personnes.

Gérez les personnes toxiques

La qualité de votre entourage est donc un élément clé de votre succès. Mais une fois que vous avez compris cela, tenir à distance les personnes toxiques n'en demeure pas moins un défi parfois difficile à relever. En effet, si l'esprit négatif est déjà difficile à surmonter lorsqu'on a cette tendance, les personnes toxiques sont encore plus compliquées à éloigner parce qu'il s'agit très souvent de proches que l'on aime. Malgré cela, il est indispensable de trouver une méthode pour s'en prémunir au maximum.

Dans certains cas, une bonne façon d'arrêter les jérémiades des personnes négatives et toxiques est de leur demander comment elles ont l'intention de résoudre le problème dont elles se plaignent. Soit elles se tairont, soit elles réorienteront leur discours dans une direction plus productive.

Mais la plupart du temps, les personnes toxiques défient la logique. Certaines sont totalement inconscientes de l'impact négatif qu'elles ont sur ceux qui les entourent, et d'autres semblent trouver du plaisir à créer le chaos. Dans les deux cas, elles créent de la complexité, des différends et le pire de tout, du stress.

J'ai donc analysé différentes stratégies efficaces utilisées par ceux qui réussissent lorsqu'ils sont confrontés à des personnes toxiques. Pour être efficace, vous avez besoin d'une approche qui vous permet de contrôler ce que vous pouvez et d'éliminer ce que vous ne pouvez pas contrôler. Souvenez-vous que vous pouvez prendre les commandes bien plus souvent que vous ne le pensez.

Fixez des limites

Les personnes négatives, celles qui se plaignent en permanence, sont nocives parce qu'elles se complaisent dans leurs problèmes et ne parviennent pas à se concentrer sur des solutions. Elles veulent que les autres les rejoignent dans leur festival d'apitoiements en pensant que cela les aidera à se sentir mieux si le malheur est partagé. Les gens se sentent souvent obligés d'écouter ceux qui se plaignent parce qu'ils ne veulent pas être vus comme insensibles ou malpolis, mais il y a une nuance à prendre en compte entre prêter une oreille bienveillante et être aspiré dans une spirale émotionnelle négative.

Vous pouvez l'éviter en fixant des limites et, si nécessaire, en prenant vos distances.

À l'âge de 21 ans, je suis parti vivre en Angleterre pendant deux ans dans le cadre d'une mission bénévole. En arrivant à Londres, je me souviens avoir fait une réunion d'information avec le président de l'association qui était en charge de superviser la centaine de jeunes adultes présents. Nous venions de partout dans le monde. Alors qu'il nous donnait différentes recommandations pour que nos activités sur le terrain se passent bien, il nous a remis à chacun une casquette. Surpris par cette démarche, nous nous sommes demandés pourquoi ? Nous avons vite compris en regardant ce qui était écrit dessus. Le logo représentait la tête d'un bulldog (qui faisait la gueule) et en-dessous de l'image, il y avait écrit en gras : *no whiners*, c'est-à-dire : « Pas de pleurnichards ». Le message était bien clair ! Mr. Banks (c'était son nom) m'a donné le premier exemple dont je me souviens au sujet des limites à fixer avec ceux qui ont tendance à se plaindre.

Ne mourrez pas au combat

Lorsque vous entrez en conflit avec des personnes toxiques, les émotions négatives que vous subissez vous incitent à puiser dans vos ressources et à livrer des batailles qui peuvent vous laisser sévèrement blessé. Vous gaspillez beaucoup d'énergie pour rien. Mieux vaut donc éviter de consacrer tant d'énergie à entretenir des rapports conflictuels avec des personnes qui aiment se nourrir de ce genre de relations.

Lorsque vous prenez du recul et analysez vos émotions, prenez garde à sagement choisir vos batailles, préparez-vous mais n'allez au combat que si cela est nécessaire.

Élevez-vous

Les personnes toxiques vous rendent fous parce que leur comportement est complètement irrationnel. Ne vous méprenez pas, leur comportement va vraiment à l'encontre du bon sens. Il est impossible de raisonner avec un fou. C'est le meilleur moyen de perdre votre propre raison et de devenir fou vous-même. Alors pourquoi vous fatiguer à leur donner du grain à moudre en leur répondant et en prenant le risque de vous faire aspirer dans un torrent d'absurdités ?

N'essayez pas de les battre à leur propre jeu. Reconnaissez plutôt que, parfois, un fossé émotionnel et intellectuel vous sépare de certaines personnes et qu'il n'est pas nécessaire de chercher à tout prix à le combler.

Prenez vos distances émotionnellement et lorsque vous devez être en leur présence, adoptez une posture de psychologue : soyez à l'écoute, mais n'impliquez pas vos propres émotions.

Soyez conscients de vos états émotionnels

Le maintien d'une distance émotionnelle avec les personnes toxiques exige une prise de conscience. Quels sont vos sentiments lorsque vous êtes avec telle ou telle personne ? Sont-ils positifs ou non ? Quelle est leur origine ? Voulez-vous continuer à les éprouver ?

Vous ne pouvez pas empêcher quelqu'un d'activer vos émotions négatives si vous n'identifiez pas quand cela se produit. Pour y parvenir prenez l'habitude de faire une pause mentale lorsque vous recevez des signaux émotionnels négatifs et mettez un nom sur le sentiment que vous éprouvez. À l'inverse, notez mentalement les sentiments positifs que vous éprouvez lorsque vous êtes avec des personnes qui vous élèvent. Mettre un nom sur vos émotions au moment où elles se produisent est une clé pour reprendre la main sur votre état émotionnel et éviter les contagions négatives.

Si vous pressentez un risque émotionnel avec une personne, gardez vos distances le temps de réfléchir et choisissez comment vous allez gérer la situation.

Établissez des frontières

C'est le sujet sur lequel la plupart des personnes ont tendance à perdre la partie. Elles ont le sentiment que parce qu'elles travaillent ou vivent avec quelqu'un, elles n'ont aucun moyen de contrôler leur environnement.

Cela ne peut pas être plus éloigné de la vérité. Si vous prenez du recul, vous commencerez à trouver que le comportement des personnalités toxiques est plus prévisible et facile à comprendre. Ceci vous préparera à décider quand et où vous devez les accepter et quand il ne le faut pas. Par exemple, même si vous travaillez avec quelqu'un au sein d'une équipe responsable d'un projet, cela ne veut pas dire que vous devez avoir le même niveau d'interaction personnelle avec cette personne qu'avec les autres membres de l'équipe.

Vous pouvez établir une frontière, mais vous devez le faire de façon consciente et maîtrisée. Si vous laissez les choses se faire naturellement, vous serez obligé de constamment gérer des conversations difficiles. Si vous placez des frontières et décidez quand et où vous vous engagerez une personne difficile, vous pouvez contrôler une grande partie de la situation. L'astuce est de rester sur vos gardes et de marquer les frontières quand cette personne essayera de les franchir, ce qu'elle tentera de faire.

Ne laissez personne limiter votre bonheur

Quand votre sensation de plaisir et de satisfaction dépend de l'avis des autres, vous n'êtes plus seul maître de votre propre bonheur. Quand les personnes émotionnellement intelligentes se sentent bien grâce à une de leurs actions, elles ne laissent personne leur enlever cette sensation, qu'il s'agisse d'opinions négatives ou de remarques narquoises.

Concentrez-vous seulement sur les solutions

Quand il s'agit de gérer des personnes toxiques, se concentrer sur leur attitude, leur comportement, vous répéter qu'ils sont fous... cela leur donne du pouvoir sur vous. Arrêtez de penser à quel point cette personne vous gâche la vie, et concentrez-vous à la place sur la façon dont vous allez pouvoir reprendre le contrôle. Il sera plus efficace de rechercher des solutions, et cela réduira votre niveau de stress lorsque vous vous retrouverez face à eux.

Pardonnez, mais n'oubliez pas les leçons

Les personnes qui font preuve d'intelligence émotionnelle pardonnent facilement, mais cela ne signifie pas qu'elles oublient.

Le pardon exige d'oublier les torts que vous avez subis pour vous permettre d'aller de l'avant. Cela ne signifie pas que vous donnerez une autre chance aux personnes coupables de mauvais comportements. Les personnes qui réussissent sont peu disposées à s'acharner inutilement sur les erreurs des autres, elles passent à autre chose rapidement et font en sorte de se protéger de souffrances futures.

Supprimez les « auto-insultes »

Parfois vous absorbez la négativité de certaines personnes. Il n'y a rien d'anormal à se sentir mal si vous avez été maltraité par quelqu'un d'autre. En revanche, s'auto-insulter ou entretenir volontairement vos pensées négatives en ressassant vos sentiments ne vous aidera pas à avancer. Les expressions du style : « c'est vrai, je suis nul », « quel idiot », « je n'ai jamais de chance »... sont inutiles et détruisent votre confiance en vous. Évitez cela à tout prix.

Limitez la caféine

La caféine déclenche la libération de l'adrénaline. L'excès de caféine peut vous conduire à devenir un peu trop « soupe au lait », autrement dit, à « démarrer au quart de tour » en vous énervant pour un oui ou pour non, notamment face aux gens qui se plaignent. Vous pourriez dire et faire des choses que vous regretterez ensuite.

Dormez !

Le sommeil est tellement important ! Il augmente votre intelligence émotionnelle et contribue à contrôler votre niveau de stress. Quand vous dormez, votre cerveau se recharge littéralement, faisant le tri entre les souvenirs de la journée en décidant de les stocker ou de les jeter, de sorte que vous vous réveillez alerte et l'esprit clair. Votre sang-froid, votre attention et votre mémoire sont diminués quand vous n'avez pas assez ou mal dormi. La privation de sommeil élève automatiquement le niveau d'hormones du stress, même en l'absence de facteurs de stress.

Une bonne nuit de sommeil vous rendra plus positif, créatif, et proactif dans votre approche envers les personnes toxiques, vous donnant la vision de ce que vous devrez faire pour contrer leur négativité de façon efficace.

Utilisez votre équipe de soutien

Il est tentant, mais complètement irréaliste, de croire que vous pouvez résoudre tous les problèmes seuls.

Pour faire face aux personnes toxiques, vous devez reconnaître vos limites. Cela signifie que vous avez besoin de vous appuyer sur votre équipe de soutien extérieure pour retrouver de la perspective vis-à-vis d'une personne qui titille vos nerfs. Tout le monde a quelqu'un au travail et/ou en dehors que l'on peut considérer comme « dans son équipe ». Identifiez ces personnes dans votre vie et faites un effort pour rechercher leur vision et leur aide quand vous en avez besoin. Quelque chose d'aussi basique que d'expliquer la situation peut amener une nouvelle perspective. Le plus souvent, d'autres personnes peuvent voir une solution que vous ne pouvez pas voir parce qu'elles ne sont pas aussi impliquées émotionnellement que vous.

Avant que vous parveniez à bien utiliser ces méthodes, vous allez devoir essuyer quelques plâtres. Le plus souvent, vous allez être durement testé par vos interactions avec des « personnes à problèmes ». Heureusement, la souplesse du cerveau lui permet d'évoluer à mesure que vous pratiquerez ces nouveaux comportements, même lorsque vous échouerez. En mettant en application ces techniques saines, sources de soulagement afin de gérer certaines personnes difficiles, vous entraînerez votre cerveau à mieux réagir. Il vous aidera à mieux gérer le stress et à réduire le risque de vous rendre malade pour ou à cause des autres.

• Devenez un humble ambitieux

Faites preuve d'ambition…

Dans notre culture, nous avons tendance à vilipender l'ambition parce que nous l'associons à des représentations négatives. C'est encore plus vrai en France où l'envie de réussir n'est pas toujours perçue positivement. Quand on pense aux ambitieux, la première image qui vient à l'esprit est celle du « requin aux dents longues », jeune arriviste obsédé par la richesse et le pouvoir dont les canines rayent le parquet, prêt à tous les coups bas pour réussir quitte à éliminer ses rivaux.

Avec sa volonté d'avoir toujours plus, la recherche du titre et de la domination des autres, l'ambitieux auquel nous pensons veut le pouvoir et à besoin de prouver aux autres de quoi il est capable, coûte que coûte.

D'autres idées douteuses viennent s'ajouter à ce portrait peu flatteur pour stopper net toute ambition dès notre plus jeune âge : la peur du jugement des jaloux, la peur de perdre ses valeurs à cause du succès, la culpabilité de laisser d'autres personnes sur le bord du chemin au fur et à mesure de notre progression, la peur des responsabilités ou de la prise de risque.

Sans oublier les grands classiques de la pensée ordinaire qui associent l'ambition à une mise en danger du quotidien : « un tien vaut mieux que deux tu l'auras » ; « on sait ce qu'on perd mais on ne sait pas ce qu'on gagne ». Et puis il y a le phénomène très français de l'interdiction d'échouer. Beaucoup préfèrent renoncer à toute ambition plutôt que de prendre le risque de tenter quelque chose, de rater et de passer pour un « *loser* ».

L'ambition peut aussi être freinée par les mauvais exemples d'ambitieux excessifs devenus malheureux et frustrés par l'absence de résultats, le manque de réalisme face aux imprévus ou par un confort financier nourrissant la seule cupidité et, bien sûr, par les critiques de l'entourage qui ne croit pas en nous.

Mais toutes ces représentations négatives liées à l'ambition ne doivent pas nous freiner. Il est important de cultiver une ambition saine, et c'est même une condition indispensable du succès. Une saine ambition professionnelle ou personnelle permet en effet de se dépasser et de s'épanouir.

L'ambition du pouvoir et de la domination des autres est certes aussi répandue que destructrice à petite et à grande échelle. Mais l'ambition la plus universelle est sans nul doute celle qui fait que vous lisez toujours ces lignes. C'est l'ambition de la réalisation de soi. Vous voulez vous réaliser, vous voulez mener une vie conforme à vos rêves et à vos idéaux : cette ambition-là est un moteur pour agir et passer à la vitesse supérieure qu'aucune peur ne devrait altérer. Cet ambitieux, mu par le désir de réaliser ses rêves, ne supporte pas l'oisiveté et choisit son quotidien sans se laisser submerger par les événements extérieurs. Il se projette, a une vision pour son avenir et prend sa vie en main en assumant ses responsabilités avec l'énergie et la volonté qui lui permettront de franchir les obstacles.

Il n'attend pas passivement que les autres se chargent de le faire évoluer positivement. Il se bat avec lui-même pour obtenir ce qu'il recherche. Il va puiser dans ses ressources pour affronter ses peurs et avancer malgré l'adversité. La saine ambition apporte des bénéfices car elle accélère les apprentissages, donne confiance en soi et maintient l'esprit en alerte. Elle est comme un interrupteur qui peut mettre de la lumière dans une vie.

... mais prenez garde à l'orgueil

Si l'envie de réussir est un moteur puissant, l'ambitieux qui a réussi peut se transformer en orgueilleux. C'est alors qu'arrivent les sorties de route car l'ambition transformée en orgueil devient clairement nocive pour soi et pour les autres.

Prenez donc garde à l'orgueil. Il devient un obstacle à l'empathie qui est indispensable pour écouter et comprendre les besoins des autres. En devenant orgueilleux, vous devenez votre propre ennemi car vous perdez le soutien de ceux qui vous entourent et qui pourraient vous faire progresser.

Les orgueilleux se font des ennemis en dressant contre les autres leur intellect, leurs opinions, leurs œuvres, leur richesse, leurs talents....

Comme l'a dit C. S. Lewis: « L'orgueilleux, quand il a quelque chose, n'en tire de plaisir que s'il en a plus que son prochain... C'est la comparaison, le plaisir d'être au-dessus des autres, qui font de nous des orgueilleux. Faites disparaître la notion de compétition, et c'en est fini de l'orgueil[1] ».

1. C.S. Lewis : *Mere Christianity*, New York, Macmillan, 1952, p. 109-110.

Quand l'orgueil a prise sur nous, nous perdons notre indépendance vis-à-vis du monde et nous aliénons notre liberté en devenant esclaves du jugement des autres.

L'orgueil se remarque facilement chez les autres, mais on admet rarement en être coupable soi-même. La plupart des gens considèrent que l'orgueil n'affecte que les gens d'un rang élevé, les gens riches et les gens instruits par exemple, ceux qui méprisent les autres.

Mais il existe aussi l'orgueil des « petites gens » qui voudraient occuper un rang élevé. Cela se manifeste de biens des façons : critiques, commérages, plaintes, dépenses compulsives, envie, convoitise, refus d'exprimer de la reconnaissance ou des compliments qui pourraient aider les autres, refus de pardonner, jalousie... Les orgueilleux n'acceptent ni les conseils ni les critiques. Ils adoptent une attitude défensive pour justifier leurs faiblesses et leurs échecs.

Ils ont besoin de l'opinion des autres pour savoir s'ils ont ou non de la valeur. L'opinion qu'ils ont d'eux-mêmes est déterminée par la mesure que l'on donne à leurs succès. Ils ont le sentiment d'avoir de la valeur s'il y a suffisamment de gens qui ont moins de succès, de talent, de beauté ou d'intelligence. L'orgueil, c'est moche ! Et l'orgueilleux affirme : « Si tu réussis, j'échoue ».

L'orgueil nous affecte tous à un moment ou à un autre, à un degré ou à un autre.

Les autres dangers de l'ambition sont les excès et le mensonge envers soi-même. Attention à la démesure du rêve par rapport à la réalité qui peut conduire à des investissements financiers excessifs, des engagements personnels qui ne peuvent pas être tenus dans la durée, le manque de réalisme quant à ses forces et faiblesses, ses limites, son manque de connaissances et leurs impacts potentiels.

Malgré tout, il est plus fréquent de constater autour de nous des personnes qui ont l'ambition de réussir que des gens qui réussissent leur ambition. Dès que l'ambition devient le « toujours plus » avant le « toujours mieux », elle perd ses bonnes racines. Lorsqu'assouvir son besoin d'avoir plus prend le pas sur le fait de vivre une vie épanouissante et enrichissante sur le plan humain, l'ambitieux devient l'esclave de son ambition. La soif du succès peut se transformer en puits sans fond qui finit par déséquilibrer la personne et son environnement.

Plutôt que de tomber dans ces travers, je vous propose donc d'être et de rester des ambitieux humbles. Cela suppose de garder toujours clairement à l'esprit la nature de votre ambition : quelle est votre vision ? Quel est le but que vous voulez atteindre ?

Sachez ce que vous voulez

Pour développer une vraie ambition professionnelle ou personnelle saine et vertueuse, il faut d'abord commencer par se poser une question essentielle : Qu'est-ce que je veux pour ma vie ?

Vous êtes seuls à pouvoir y répondre. Elle n'engage que vous. Ensuite, il faut donner du sens à votre ambition : Pourquoi je veux cette vie ? Pourquoi j'ai besoin de cette ambition ? C'est alors que le chemin se trace et que les moyens se présentent pour atteindre vos objectifs.

A partir de cette vision, je vais me fixer des objectifs concrets avec des étapes à franchir et des temps de passage qui représentent pour moi un challenge, qui demandent de l'énergie, de l'intelligence, du travail, de la créativité et de la patience. Puis, il faut s'en donner les moyens : quelles connaissances dois-je acquérir pour y arriver ? Quelles personnes pourraient m'aider à progresser ? Quels sont les éléments de confort quotidien que je suis prêt à « sacrifier » pour y arriver ? Par quoi je commence ?

Un bon moyen d'identifier votre ambition est d'observer l'état d'énergie qu'elle vous procure. La vraie bonne ambition donne du souffle et de l'énergie, elle développe le potentiel et épanouit car elle provient des bonnes questions que vous vous êtes posées en amont, avec des envies qui restent fidèles à vos valeurs. Elle vous fait regarder plus loin, au-delà des difficultés qui se présenteront sur la route, en vous donnant de bonnes raisons de faire les nécessaires efforts quotidiens avec davantage de patience et de persévérance.

L'ambitieux réussit toujours car il s'est vaincu lui-même. Au fil de ses victoires personnelles et de ses apprentissages, il est finalement allé beaucoup plus loin qu'il ne pensait possible de le faire au début.

Je voudrais terminer ce chapitre en vous donnant une dernière méthode pour vous assurer de conserver une mentalité saine qui vous permettra de poursuivre votre ambition, si grande soit-elle, avec sincérité et humilité. Il s'agit du triptyque V.I.E :

V Vérité. Toute vérité est bonne à dire même s'il est bon de rappeler qu'il peut être nécessaire de prendre un instant de réflexion pour considérer la bonne façon pour la dire sans être offensant.

I pour Ingéniosité. C'est ce que vous pensez, ce que vous dites et ce que vous faites qui provoquent les résultats que vous obtenez. Si le résultat ne vous convient pas, modifiez vos pensées, vos paroles ou vos actes et vous obtiendrez nécessairement un résultat différent. L'opération est à renouveler jusqu'à trouver la bonne formule, le bon équilibre.

E pour Empathie. L'empathie est un art délicat et subtil qui consiste à oublier ce que l'on veut pour se concentrer sur le besoin des autres de façon désintéressée. Il s'agit d'être à l'écoute de l'autre. Non seulement vous obtiendrez du plaisir à aider votre prochain mais vous pourrez aussi en retirer des leçons pour vous-même en tirant parti des expériences des autres.

Voilà une méthode qui a fait ses preuves. VIE Vérité Ingéniosité et Empathie. Facile à mémoriser non ?

Vous vous dites peut-être que ces méthodes ne s'appliquent ni à vous ni à votre situation. Que tout cela est bien pour les autres mais que les circonstances particulières de votre vie vous empêchent d'avoir ce type de raisonnements.

Ou alors, vous êtes au contraire pleinement convaincu de la pertinence de mes propos mais ne savez pas quoi répondre aux rabat-joie qui vous entourent et polluent votre esprit en disant que le bonheur n'est pas plus pour vous qu'il ne l'est pour eux.

Expliquez-leur la parabole de la régate.

Avez-vous déjà vu une course de bateaux ? Imaginez une centaine de bateaux alignés sur la même ligne de départ et qui doivent atteindre la même ligne d'arrivée. Comme dans toutes les courses, il y aura ceux qui iront jusqu'au bout et ceux qui abandonneront. Qu'y a-t-il de différent entre les gagnants et ceux qui ont abandonné ? Qu'ont-ils fait de particulier pour avoir un résultat différent de ceux qui ne sont pas allés au bout ?

Pourtant les circonstances étaient les mêmes pour tous : même vent, même départ, même météo, même objectif, même nombre de concurrents ?

Vous voulez que je vous dise ce qui fait la différence ? Ceux qui ont obtenu les meilleurs résultats ont simplement su tirer le meilleur parti des circonstances et de leur environnement.

Alors où est la faille si les circonstances ne sont pas responsables des bons ou des mauvais résultats dans une situation donnée ? C'est le capitaine du bateau ! Ce qui fait la différence, c'est nous ! C'est nous qui sommes responsables de la valeur que nous pouvons apporter. C'est ce qui fait la différence.

Si, par cette analogie, vous ouvrez l'esprit de ceux qui sont incrédules quant aux conséquences positives de la mise en application de ces méthodes ; si ces personnes s'autorisent à se dire : « et si c'était vrai ? » Alors elles pourront elles aussi tenter l'expérience et permettre à la graine de la conviction de pousser.

Exercices

Sur quoi vais-je concentrer mes pensées ? Analysez la qualité de ce qui occupe votre esprit

À la fin de votre journée, prenez quelques minutes et faites le point :

- À quoi mon esprit a-t-il été occupé aujourd'hui ?
- Ces sujets de préoccupation étaient-ils conformes à ma volonté et à mes objectifs ?
- Ces sujets de préoccupation étaient-ils dictés par des sources extérieures ?
  - Médias,
  - réseaux sociaux,
  - proches,
  - collaborateurs,
  - autre : ....
- Ai-je eu le sentiment de « subir » ces préoccupations ?

Si j'observe ce à quoi mon esprit et mon énergie mentale ont été absorbés aujourd'hui :

- Quel est le ratio d'éléments positifs par rapport aux éléments négatifs ?

POSITIF : ...... %	NÉGATIF : ...... %
Apprécier ce que je possède et ce dont je jouis	Déplorer mes manques et me plaindre de ce que je n'ai pas
Célébrer ce que je réussis	Ressasser mes échecs
Reconnaître mes qualités	Enumérer mes défauts
Apprécier les qualités et la réussite des gens qui m'entourent	Focaliser sur les faiblesses et les défauts des gens qui m'entourent
Être reconnaissant	Envier les autres

Exercice de reconnaissance :

Au cours des 21 prochains jours, prenez tous les jours 5 minutes pour noter trois choses pour lesquelles vous pouvez éprouver de la reconnaissance dans votre vie.

Commencez maintenant :

1...

2...

3...

Prenez le temps de vous imprégner du sentiment de gratitude.

Comment interprétez-vous ce qui vous arrive ?

Choisissez de transformer un problème en opportunité

Notez ici une situation inconfortable ou compliquée, ou un problème auquel vous devez faire face, puis répondez aux questions suivantes :

Quelles sont les opportunités de progrès liées à cette situation ?

- Quelle connaissance vais-je pouvoir acquérir ?
- Quelle compétence vais-je pouvoir développer ?

- Quelle qualité de ma personnalité vais-je pouvoir faire grandir ?
- Quelle leçon vais-je pouvoir tirer de cette expérience ?
- Comment cela va-t-il faire évoluer positivement mes relations ou ma façon de construire des relations aux autres ?
- Comment cela va-t-il faire évoluer ma façon de voir les choses ou la vie en général ?
- Qu'est-ce que je pourrais transmettre aux autres à partir de cette expérience difficile ?

Qu'allez-vous faire ? Choisissez votre réaction

Identifiez une émotion désagréable et une réaction négative que vous avez eu récemment ou que vous savez avoir de façon récurrente et répondez aux questions suivantes :

- Quelle(s) situation(s) génère(nt) cette réaction ?
- Qu'est-ce que je ressens à ce moment-là ?
- Quelle est ma réaction et qu'est-ce qui se produit à ce moment-là ?
- Comment voudrais-je réagir, si j'étais la meilleure version de moi-même ?

La prochaine fois que vous faites face à une situation déplaisante, prenez le temps de faire une pause et de vous livrer à l'analyse ci-dessus. Engagez-vous à choisir la réaction conforme à la meilleure version de vous-même.

Pratiquez le contraste mental avec la méthode WOOP

WISH : Notez ici un souhait, un accomplissement ou un objectif à atteindre qui vous est cher :

OUTCOME : Énumérez les raisons pour lesquelles ce souhait vous est cher. Quelles sont les conséquences que vous espérez voir découler de l'accomplissement de cet objectif ? Quelles sont vos motivations ?

OBSTACLE: Quelles sont les obstacles qui vont se dresser sur votre chemin ? Quels sont les facteurs qui pourraient vous empêcher d'atteindre votre objectif ? Les difficultés auxquelles vous allez devoir faire face ?

PLAN: Que devrez-vous faire pour surmonter chacune de ces difficultés ? Quelles sont les étapes intermédiaires qu'il vous faudra atteindre pour réaliser votre souhait et votre objectif ?

Parmi les obstacles suivants, lesquels constituent pour moi des obstacles mentaux à la réussite ?

- Mon âge : je pense que je suis trop jeune ou trop vieux pour réaliser mon rêve.
- Ce que pensent les autres : j'ai peur du jugement des autres.
- Ce que pensent les autres : je me sens inférieur à d'autres qui ont déjà réussi dans le domaine qui m'intéresse
- La peur : lorsque j'envisage d'entreprendre mon projet, je suis paralysé par la peur.
- Le temps : je suis absorbé par des événements passés que je ressasse.
- Le temps : l'incertitude de l'avenir m'angoisse.
- L'état du monde : quand je vois l'état du monde, je me dis : « à quoi bon ? »
- La négativité : je ne peux pas m'empêcher de nourrir des pensées négatives et défaitistes quant à mon projet
- La négativité : la négativité des personnes de mon entourage est un fardeau qui me coupe les jambes.

Notez ci-dessous les personnes toxiques que vous identifiez dans votre entourage.

À la lecture du chapitre précédent, qu'allez-vous faire pour vous prémunir de leur influence ? Soyez audacieux et affirmez-vous.

5.
La stratégie

«Deux intellectuels assis vont moins loin qu'une brute qui marche[1].» Voilà une citation prisée par les professionnels du management que l'on pourrait ajouter à notre liste de phrases toutes faites qui véhiculent et entretiennent des croyances collectives largement limitantes.

Vous vous demandez peut-être ce qui ne va pas dans cette phrase. Après tout, de prime abord, elle rend accessible par le biais d'une image caricaturale à la fois forte et drôle, un principe salutaire auquel vous souscrirez sans doute sans difficulté: la meilleure des idées ne vaut rien si on ne passe pas à l'action. Pour tout vous dire, j'y souscris aussi sans hésiter.

Mais le problème, c'est que cette citation renvoie dos à dos, dans une opposition artificielle, l'intellectuel –qui se pose pour réfléchir sur le monde de façon passive– et l'entrepreneur ou le commercial – qui serait dans l'action, désencombré de questions trop théoriques... car incapable de se les poser (puisqu'apparemment, il est considéré comme une brute). En fin de compte, la caricature, trop simpliste, finit par l'emporter sur l'idée originale, si bien que l'opposition, intellectuel passif contre brute active, devient pour certains managers un principe directeur: ils finissent par prendre les gens pour des brutes, voire

1. *Un Taxi pour Tobrouk* (1960) de Denys de la Patellière, dialogues de Michel Audiard.

par les inciter à le rester, quand ils ne se complaisent pas eux-mêmes dans une posture de « brute », se contentant d'appliquer les directives de l'entreprise sans se questionner outre-mesure.

Dans le monde de l'entreprise et des affaires, la croyance à la supériorité du « faire » sur le « savoir » est relativement répandue. Agir sans se poser de questions, avancer sans se remettre en question, foncer tête baissée, ne pas rester immobile...

Finalement, au lieu de développer une culture de l'action, on finit par développer une culture de l'agitation, impropre à produire quoi que ce soit de solide à long-terme. C'est la société du buzz, des présidents de la République qui se filment en train de courir, des concours à qui restera le plus longtemps au travail, des *wonder women* qui ne s'autorisent pas un moment de répit. C'est la glorification des hyperactifs, la culture de la frénésie qui ébranle tout sans rien faire évoluer : tout le monde bouge, mais rien ne change jamais vraiment en profondeur, les tyrans gardent le pouvoir, le fisc extorque ceux qui produisent de la richesse, les problèmes sociaux demeurent sans solutions, et les employés continuent de souffrir au travail autant qu'à la maison. L'injonction à faire toujours plus en pensant toujours moins devient un fardeau collectif et, bientôt, le mur écologique sur lequel s'écrasera le grand projet de l'humanité se dessine à l'horizon. Notre agitation nous fait passer à côté du mouvement du progrès, pour embrasser une vie essentiellement composée d'instabilité.

Le management moderne (mais bientôt dépassé) ne manque décidemment pas de culot. Car la citation ne dit pas combien de temps les intellectuels restent assis... ni dans combien de temps les brutes qui marchent se retrouveront avec des ampoules aux pieds, la faim au ventre ou la tête écrasée au fond d'un ravin.

Si la brute avance sans connaître la bonne direction ou sans les ressources adéquates pour entreprendre son voyage, les intellectuels auront pris de l'avance sur elle sans même avoir encore bougé.

À l'inverse, si les intellectuels restent assis sans bouger indéfiniment, ils finiront aussi par n'avoir guère plus de valeurs que des brutes frénétiques. Ils n'auront rien expérimenté dans le monde réel, ils n'auront pas pris le risque de se tromper et auront manqué au passage la possibilité d'acquérir de l'expérience.

Donc plutôt que de renvoyer dos à dos les intellectuels assis et les brutes qui marchent, ne vaudrait-il pas mieux adopter la posture infiniment plus productive qui consiste à marcher avec intelligence ?

Réfléchir pour agir

Le message devrait plutôt être le suivant : « pour acquérir de la sagesse, reste assis un moment et réfléchis à la meilleure stratégie pour obtenir ce que tu désires, puis agis intensément et tu verras bien vite si tu t'approches ou non de ton objectif. Si tu es parti dans la mauvaise direction, assieds-toi de nouveau, analyse tes résultats et change ta stratégie, puis lève-toi et marche jusqu'à obtenir le résultat souhaité. »

Il y a donc deux grands écueils qui risquent de barrer la route de votre succès : l'inaction et la frénésie. Vous les surmonterez en maintenant au quotidien l'équilibre entre, d'une part, réfléchir profondément et, d'autre part, agir intensément. C'est essentiel pour réussir. Si vous êtes un doux rêveur, alors mettez davantage d'action dans votre quotidien. Au boulot ! Il est temps de sortir de votre zone de confort et d'agir ! Si vous êtes un frénétique qui ne sait plus pourquoi il fait ce qu'il fait, posez-vous pour réfléchir en profondeur avant de poursuivre votre route.

Si l'un ou l'autre de ces deux types d'activité vous semble difficile à entreprendre, souvenez-vous que dans n'importe quel domaine, l'échec n'existe que si l'on abandonne. Réussir est donc accessible à tous. Il suffit de ne pas abandonner. Il est vraisemblable que vous n'atteindrez pas tout de suite les résultats désirés mais vous aurez engrangé de l'expérience. Ne vous découragez jamais, car la vie est passionnante lorsque notre esprit et notre quotidien sont remplis de pensées et d'actions qui nous permettent de croire que l'on se rapproche de nos objectifs les plus chers. Une fois que l'objectif est atteint, la passion s'éteint. Il faut alors se rassoir et fixer de nouveaux objectifs pour prendre du plaisir à explorer de nouveaux horizons.

Bonnes résolutions

J'applique dans ma vie de tous les jours le principe « réfléchis-agis » en prenant le temps de définir le plus clairement possible une stratégie puis en mettant toute mon énergie à la mettre en œuvre dans le monde réel. Je consacre du temps à ne faire rien d'autre que réfléchir, identifier mes désirs et mes besoins, puis mettre au point la stratégie qui me permettra de les satisfaire. Et je consacre aussi du temps à agir pour concrétiser le fruit de ma réflexion. Bien souvent, ces deux types d'activité s'articulent et se croisent au cours d'une même journée. L'essentiel est de ne jamais négliger ni l'une ni l'autre. C'est là que se situe la véritable exigence pour qui souhaite mener une vie libre et épanouie.

Pour ma part, un temps fort de ma démarche de « réflexion-action » est le point stratégique annuel que j'effectue aux alentours du premier de l'an, à la période des bonnes résolutions. Je m'atèle à chaque début d'année à l'élaboration d'une stratégie détaillée pour la conduite de ma vie puis, sans attendre, je me lance dans sa réalisation. J'y réfléchis profondément, j'analyse mes désirs, je définis mes objectifs et ce que je pense être la meilleure façon de les atteindre, puis je me lève et je me mets en mouvement.

Ensuite, pendant que j'agis intensément pour réaliser ma vision et mes objectifs, j'ai toujours en tête ma stratégie, que je continue à affiner. Puis, au fur et à mesure que je franchis les étapes et réalise mes objectifs, j'envisage les prochains défis et je mobilise les moyens nécessaires pour les relever.

La méthode que j'emploie pour définir et réaliser annuellement mes objectifs et ma stratégie est issue d'un outil initialement développé par Anthony Robbins[1]. Je vous en livre ici une version que j'ai retravaillée et optimisée pour moi-même et, je l'espère, pour vous !

Comme vous le verrez, la démarche ne consiste pas à définir seulement des objectifs professionnels. Étant donné que nos vies ne sont pas compartimentées, il est important de définir la personne que l'on souhaite devenir et la vie que l'on veut mener. Les objectifs professionnels ou financiers ne sont qu'une pièce du puzzle – une pièce très importante, mais qui ne peut pas être envisagée isolément du reste.

La suite de ce chapitre constitue un exercice que je vous invite à réaliser avec sérieux. Trouvez un endroit où vous pourrez à la fois vous concentrer et vous sentir plein d'énergie. Puis prenez un stylo et lancez-vous. Je vous conseille de réaliser la première phase d'une seule traite.

1.

Quel est votre équilibre de vie aujourd'hui ?

L'objectif est d'identifier où vous en êtes et quels aspects de votre vie vous souhaitez améliorer. Pour y parvenir, l'auto-diagnostic suivant consiste à vous attribuer une note de 1 à 10 sur un ensemble de critères qui composent votre vie.

Inscrivez vos notes sur le tableau puis reliez les points entre eux.

Si vous constatez des pics très importants, il est probable que votre vie soit en déséquilibre. Les aspects qui sont en dessous de la moyenne peuvent constituer vos priorités de départ ;

Domaine de la vie	Score Actuel
1. Santé et Énergie :	
2. Émotions, spiritualité et Sens :	
3. Qualité des relations :	
4. Gestion du temps :	
5. Travail et carrière :	
6. Situation financière :	
7. Capacité à profiter et célébrer :	

10							
9							
8							
7							
6							
5							
4							
3							
2							
1							
	Santé	Émotion	Relation	Temps	Carrière	Finances	Profiter

Une fois que vous avez attribué une note à ces différents aspects de votre vie, définissez en termes qualitatifs la vie que vous menez actuellement.

Compte tenu des scores que vous avez inscrits, comment trouvez-vous votre vie ? Avez-vous l'impression que votre vie est équilibrée ?

Y-a-t-il de fortes disparités entre les différents aspects de votre vie ? Si oui, quels sont les aspects de votre vie qui sont un peu à la traîne par rapport aux autres et qui méritent que vous y travailliez ?

Il est ensuite possible d'établir une liste des étapes à franchir pour progresser dans n'importe lequel de ces domaines.

Dans le tableau suivant, pour chacun des domaines de la vie, cochez les étapes que vous avez déjà franchies et voyez celles qu'il vous reste à franchir pour atteindre le niveau que vous avez défini précédemment.

	Santé	Émotion	Relations	Temps	Carrière	Finances	Profiter
Notez votre score actuel dans chaque domaine de la vie :							
1. Avoir une vision claire et convaincante							
2. Avoir de fortes raisons d'agir							
3. Être totalement honnête sur où vous en êtes							
4. Avoir un plan d'action clair et éprouvé							
5. Avoir un mentor							

	Santé	Émotion	Relations	Temps	Carrière	Finances	Profiter
6. Avoir des qualifications							
7. Avoir une routine de succès (rituels-auto-discipline-planning)							
8. Être formé et conditionné au succès							
9. Appartenir à un groupe qui vous élève vers le niveau supérieur							
10. Avoir des actions quotidiennes à réaliser, de façon souple et mesurable							
11. Découvrir vos conflits intérieurs							
12. Mettre à jour, Intégrer et atteindre la nouvelle image de vous-même							
13. Fêtez et partagez votre réussite et allez de l'avant.							
	Santé	Émotion	Relations	Temps	Carrière	Finances	Profiter

Quel est votre constat après avoir rempli ce tableau ?

• Quel bilan pouvez-vous faire des 12 derniers mois ?

Vous venez en quelque sorte de photographier votre vie à l'instant T. Réfléchissez maintenant à vos accomplissements et tentatives d'accomplissement au cours des 12 derniers mois.

- *Quelles sont les décisions que vous avez prises et qui ont été motivantes pour vous dans ces 12 derniers mois ?*

- *Quels ont été les décisions et accomplissements qui ont été les plus importants pour vous ?*

- *Qu'est-ce que vous avez détesté ou qui a été difficile à supporter au cours des 12 derniers mois ?*

- *Quelles sont les décisions / résolutions ou stratégies qui n'ont pas porté leurs fruits ?*

- *Qu'est-ce que vous ne voulez pas reproduire cette année ?*

- *Qu'avez-vous appris de ces expériences ? Pourquoi ont-elles été intéressantes ?*

Vous avez maintenant une vision de votre vie, telle qu'elle est aujourd'hui et de l'écart qui la sépare de votre vie idéale. Si l'écart est grand, inutile de déprimer ! Au contraire, réjouissez-vous de tout ce qu'il vous reste à accomplir, car c'est là qu'est le sel de la vie.

• Quels aspects de votre vie voulez-vous faire évoluer ?

Vous avez maintenant une vision de votre vie à l'instant T, ainsi qu'une perspective sur vos accomplissements des douze derniers mois. Il faut désormais se demander ce que vous voulez faire évoluer dans votre vie.

- *Si vous voulez gagner en qualité de vie, quels sont les deux ou trois aspects de votre vie que vous devez transformer dans les prochains 3 à 6 mois ?*

- *Si vous voulez faire évoluer ces aspects de votre vie, que devriez-vous maîtriser ? Vos émotions ? Votre temps ? Certaines compétences ?*

- *Si vous pouviez vous concentrer que sur l'un des aspects de votre vie pour le transformer, lequel serait le plus important pour vous ?*

- *Qu'est-ce que cela va vous coûter si vous ne maîtrisez pas cet aspect de votre vie ? Quel est le prix que vous paieriez ?* À côté de quoi allez-vous passer ? *Qu'est-ce que vous allez manquer ? Qui allez-vous blesser ?*

- *En quoi votre vie sera-t-elle meilleure si vous maîtrisez cet aspect de votre vie maintenant ?*

- *Qu'est-ce qui vous a bloqué dans le passé ? Quelles sont les excuses que vous avez avancées, les mensonges que vous vous êtes racontés ?*

- *Êtes-vous vraiment déterminé à faire ce changement maintenant ? Pourquoi ?*

Trouvez la détermination

Vous avez fait un premier pas vers la transformation de votre vie en déterminant quels aspects vous souhaitez modifier et pourquoi. Il faut maintenant cultiver votre détermination à changer. Cela nécessite avant toute chose d'avoir l'assurance que vous pouvez changer. Vous devez avoir une immense confiance en votre capacité de réussir. Pour cela, deux clés sont mobilisables : puiser dans vos réussites passées et développer un discours intérieur positif.

- *Écrivez une réalisation de votre vie qui était auparavant simplement un but, un rêve ou un désir. Quelles étaient les grandes et petites choses qui semblaient être difficiles, voire impossible à réaliser à l'époque ?*

- *Entourez deux ou trois choses sur votre liste qui vous semblaient être les plus difficiles, voire impossibles à réaliser.*

- *Pour les deux ou trois choses que vous avez encerclées, notez les étapes que vous avez traversées pour parvenir à les changer.*

- *Réfléchissez maintenant aux ressources internes qui vous ont permis de réaliser ces choses impossibles. Qu'est-ce qui vous a stimulé ? De quelle façon cela occupait-il votre esprit ? Quel plan ou stratégie aviez-vous mis en place ?*

- *Parmi tous ces éléments, quels sont ceux que vous devrez reproduire pour parvenir à modifier les aspects de votre vie décidés plus haut ?*

Écrivez maintenant quelques phrases ou formules que vous pourrez convoquer mentalement à tout instant pour vous convaincre d'atteindre vos objectifs. Lorsque des pensées négatives se présenteront à vous, vous pourrez y faire référence, comme à des mantras du succès.

• Définissez vos objectifs

Vous savez où vous en êtes. Vous savez ce que vous voulez faire évoluer. Vous avez la confiance que vous pouvez faire évoluer votre vie. Il est maintenant temps de parler de ce que vous voulez accomplir.

- Faites sauter pour un moment toutes vos barrières mentales et plongez-vous dans la meilleure version de vous-même pour écrire les objectifs que vous souhaitez atteindre au cours des vingt prochaines années. Assurez-vous d'inclure tout ce que vous voulez faire, être, partager, créer, avoir, donner. Incluez les objectifs financiers, le développement personnel, physique, les relations que vous voulez tisser ainsi que la qualité de ces relations, les contributions que vous voulez faire, les connaissances et compétences que vous voulez acquérir. Peu importe si cela vous semble outrancier ou fou, ce sont vos rêves *no limit* . Gardez votre stylo en mouvement aussi rapidement et longtemps que possible !

- *Lorsque vous avez terminé, passez en revue votre liste et à côté de chaque point, inscrivez le nombre d'années que vous estimez nécessaires pour atteindre vos objectifs (soit 1 an, 2-3 ans, 5 ans, 10 ans, ou 20 ans).*

- *Dans cette liste d'objectifs, encerclez les quatre principaux : ceux qui vous font vous lever tôt, coucher tard et vous enthousiasment ?*

- *Pour chacun de vos quatre principaux objectifs de l'année, écrivez un paragraphe pour expliquer pourquoi vous voulez vraiment les atteindre.*

- *Quelles sont les choses que vous devrez faire – même si vous n'aimez pas les faire – afin d'atteindre ces objectifs ?*

Vous savez maintenant à quoi vous devez consacrer votre énergie au cours des prochains mois ou prochaines années. Vous pouvez les reporter de façon synthétique ici :

a – les aspects de votre vie que vous voulez faire évoluer.

b – les trois ou quatre objectifs que vous voulez réaliser en priorité.

• Élaborez votre stratégie et passez à l'action !

Pour changer votre vie, il ne suffira ni de le vouloir, ni d'être positif sur le résultat final. Vous vous souvenez du contraste mental ? Les gens qui sont « juste » positifs sont moins performants que ceux qui abordent leur avenir avec une combinaison d'optimisme et de réalisme quant au chemin et aux embuches qui les séparent de leur objectif.

Si vous voulez atteindre le pôle Nord mais que vous empruntez l'équateur, vous aurez beau avoir votre objectif en tête et croire que vous pouvez le faire, vous tournerez en rond autour du globe sans jamais même apercevoir la moindre trace de banquise !

Il est donc important de définir – et d'affiner régulièrement – une stratégie adéquate.

En utilisant les bonnes méthodes et stratégies, tout sera plus simple et plus léger. Il y a quelques aspects essentiels à prendre en compte pour élaborer une stratégie efficace. Je les liste ci-après et vous invite à répondre à chacune des questions que je vous pose, afin d'élaborer la vôtre.

Agissez tout de suite

La plupart des gens attendent le moment parfait. « Lorsque les enfants seront plus âgés », « quand j'aurai plus d'argent » ou « quand j'aurai l'équipement ou la formation adéquat ». Ils ne parviennent pas à atteindre leurs objectifs car ils ne passent jamais à l'action. Pour marquer des points, il faut commencer par mettre la balle en mouvement. Une fois que vous commencez à travailler dans un domaine particulier et que vous gardez l'énergie, vous obtenez des résultats et les premiers résultats entraînent les suivants.

Puisque nous avons dépassé l'opposition entre ceux qui pensent et ceux qui agissent, rien ne peut plus vous empêcher de commencer. Pour une fois, un dicton va nous être utile : « c'est en forgeant que l'on devient forgeron ! ». Quel est le bon moment pour commencer ? Maintenant !

Rappelez-vous, ne quittez jamais l'endroit où vous avez fixé un objectif sans définir les actions nécessaires à sa réalisation : passer un coup de fil, envoyer un email, prendre un rendez-vous, trouver un mentor, faire ce qu'il faut pour mettre la balle en mouvement.

Demandez-vous :

- Quelle petite action puis-je faire tout de suite pour avancer dans la poursuite de mes objectifs ?
- Quelle grande action puis-je entreprendre tout de suite pour réaliser mon objectif ?

Imitez pour innover

Vous aurez besoin d'aller puiser des idées et des méthodes chez ceux qui savent déjà, les experts, les mentors, les instructeurs et les modèles qui ont déjà parcouru le chemin que vous empruntez.

Bien entendu, vous pouvez tenter d'être totalement disruptif (c'est à la mode) en traçant votre propre route et en ne faisant confiance qu'à vous-même ; mais souvenez-vous cependant que pour être sûr que la route que vous tracerez soit vraiment originale, il faut bien maîtriser les routes déjà existantes.

Une petite fable illustre à merveille ce principe. Je la tiens d'un ami canadien. C'est l'histoire d'un trappeur qui est sur le point de prendre sa retraite. Il trouve un jeune compagnon à qui il souhaite transmettre tout son savoir-faire et toutes les ficelles du métier – celles-là même qui lui ont permis de devenir au fil du temps un trappeur prospère et renommé dans toute la région.

Le jeune trappeur écoute d'une oreille distraite les paroles du vieil homme. « Cause toujours », se dit-il dans un coin de sa tête, « tu es d'un autre temps, place à la jeunesse et aux nouvelles méthodes ».

Puis il se lance dans l'aventure et le vieux trappeur s'en va prendre sa retraite dans des contrées plus douces.

Quelques années plus tard, il se demande ce qu'est devenu son successeur et décide d'aller lui rendre visite. Il découvre à sa grande stupeur le jeune trappeur vivant dans une cabane de fortune, ruiné et misérable, avec bien peu d'affaires à conclure.

Le vieux trappeur lui demande : « Mais que s'est-il passé ? Je t'avais pourtant expliqué ce qu'il fallait faire et comment le faire ? ». Le jeune trappeur lui rétorque : « je connaissais un meilleur moyen ! »

Une fois vos objectifs définis, prenez donc le temps de répondre à cette question : quels sont les modèles que je dois étudier pour élaborer la stratégie qui me permettra de les atteindre ?

Abandonnez les stratégies qui ne fonctionnent pas

De même qu'il est important de s'inspirer de ce qui fonctionne, il ne faut pas non plus reproduire les stratégies qu'on nous a apprises ou que l'on a élaborées soi-même et qui ne portent pas de fruits. Remettez en question ce qui vous semble aller de soi, vos stratégies de confort, celles avec lesquelles vous vous sentez bien mais qui ont jusque-là manqué de vous donner les résultats escomptés.

Comme le dit la célèbre citation attribuée à Einstein (mais on aurait tout aussi bien pu l'attribuer à Confucius ou Napoléon !) : « La folie consiste à faire toujours la même chose et à s'attendre à des résultats différents ! »

Je voudrais illustrer ce propos avec une expérience récemment vécue alors que je passais le permis moto. Le moniteur m'invectivait lors de l'entraînement pour l'un des exercices nécessaires pour obtenir le permis. Cet exercice s'appelle « le lent. » Cela consiste à passer très lentement entre des plots et des portes (sans les toucher bien sûr) en arrivant à maintenir équilibre et trajectoire.

Au début, le manque de vitesse m'empêchait de bien lire mentalement les courbes que j'avais besoin de prendre pour passer entre les portes. Mon regard se focalisait systématiquement sur l'obstacle au sol alors que le conseil du moniteur était de regarder au loin pour visualiser la suite du parcours en maintenant l'équilibre. Évidemment, ce mauvais réflexe ne pouvait conduire qu'à un mauvais résultat. Je touchais les plots à chaque fois, ou bien je posais le pied à terre pour corriger la trajectoire, ce qui était interdit.

Sachant qu'il fallait faire preuve de persévérance, je recommençais encore et encore sans perdre confiance. J'étais optimiste. C'est là que la voix du moniteur a retenti à travers le casque: « Eh ! C'est bien de ne pas lâcher, mais si tu refais encore et encore la même chose sans tenir compte de mes conseils, tu répéteras toujours les mêmes erreurs ! »

Cela m'a fait sourire intérieurement et je me suis dit que ce moniteur était finalement un bon coach ! Nous avons tous besoin qu'on nous rappelle régulièrement ce que nous savons déjà !

Analysez vos tentatives préalables pour atteindre des objectifs que vous vous êtes fixés: quelles sont les stratégies qui ont fonctionné ? Quelles sont celles qui au contraire n'apportent aucun résultat et peuvent donc être éliminées ?

Allez dans le détail

Ce sont les détails qui nous conduisent au sommet de la réussite. Au golf, un écart de 2 millimètres à l'impact entre la balle et le club peut conduire à des différences de trajectoire et de distance de plusieurs dizaines de mètres. En aviation, un écart de trajectoire de deux degrés peut conduire à se crasher sur une montagne au lieu d'atterrir tranquillement sur une piste d'aéroport. Ajuster sans cesse et tenir compte des petits détails est nécessaire pour générer de la puissance. C'est la raison pour laquelle il faut prendre le temps de définir sérieusement et dans le détail sa stratégie et ses objectifs.

Prêter attention aux détails dans la définition de votre stratégie permet de transformer l'objectif final en objectif concret. Cela ne peut pas être une simple idée, du type : « je vais devenir millionnaire en investissant dans l'immobilier ». Si votre objectif concerne l'immobilier, commencez par transformer votre rêve fou en objectifs concrets et détaillés : quel type de revenu voulez-vous générer ? À quelle échéance ? Quels sont les paliers qu'il vous faudra franchir ? Quel type et quel montant d'investissement vous voudrez réaliser ? Quel type de bien vous souhaiterez acquérir ? Plus l'objectif est clair et détaillé, plus il sera atteignable. Les actions que vous déciderez devront répondre à la même exigence de détail et de concrétisation.

Rien de tel que la méthode *smart* pour s'assurer que l'on est assez concret. Un objectif intelligent (*smart*) est :

- *Spécifique :* il se rapporte à des objets réels. Par exemple « investir dans l'immobilier » n'est pas spécifique. « Acheter des studios à proximité d'un campus universitaire pour les louer à des étudiants », voilà qui est plus spécifique.
- *Mesurable :* Je dois pouvoir associer des indicateurs à mes objectifs. Combien de « like » ou de partage, combien de rendez-vous effectués, etc. Trouvez les indicateurs qui traduisent dans le réel l'avancée vers vos objectifs.
- *Ambitieux et Réaliste :* n'oubliez pas le contraste mental ! Si votre but final peut être grandiose, il faudra que les objectifs intermédiaires soient suffisamment ambitieux pour vous stimuler, mais réalistes pour éviter le découragement ou l'impression de faire du sur-place en bas d'une côte infranchissable.

- Temporalisé : mettez des dates et des échéances en face de vos objectifs et des actions que vous allez entreprendre pour les réaliser. Sinon, vous n'arriverez nulle part.

Prenez maintenant le temps de détailler au maximum vos objectifs et de mettre en face des actions toutes aussi détaillées pour débuter la mise en œuvre.

Mesurez les résultats

Un objectif atteignable est avant tout un objectif mesurable. Cela signifie qu'il vous faudra absolument définir des indicateurs clés qui vous permettront de mesurer vos progrès. Si vous êtes passé un peu vite sur cela à la fin de la section précédente, revenez-y maintenant.

Une fois ces indicateurs définis, il vous faudra mesurer vos résultats de façon régulière et constante. C'est comme cela qu'on s'améliore sur le long-terme, en gardant en tête que les miracles ne se produisent pas du jour au lendemain. La cohérence est essentielle et les actions doivent être réalisées avec diligence et constance.

Peut-être vous rendrez-vous compte rapidement que les indicateurs que vous avez choisis ne sont pas assez précis, ou pas tout à fait adaptés. Ce n'est pas grave, votre expérience vous permettra de les réajuster au fil du temps.

Quels sont les indicateurs clés que vous pourrez utiliser ? Quels sont ceux que vous allez sélectionner ? À quelle fréquence allez-vous les consulter ?

• Entourez-vous des bonnes personnes

La plupart des gens choisissent les mauvais partenaires et, dès lors, l'échec est garanti. Si vous voulez transformer votre corps et être en bonne forme physique, devez-vous vous associer à quelqu'un qui est en surpoids et qui commence le voyage en même temps que vous ? Bien sûr que non ! Trouvez des personnes qui ont déjà des habitudes de discipline et la discipline pour réussir dans l'aspect de votre vie que vous voulez maîtriser, et passez du temps avec elles chaque jour.

Lors d'une soirée du nouvel an, juste avant minuit, notre hôte, un homme jovial d'une quarantaine d'années, bon vivant et qui conduit ses affaires avec une grande efficacité, nous a posé la question traditionnelle des résolutions... puis il a tout de suite précisé : « Je vous préviens, moi je ne suis pas bon pour les résolutions ! »

Cela nous a surpris car cette personne a plutôt la réputation de se fixer et d'atteindre ses objectifs. Nous avons voulu connaître la raison de son commentaire :

– « Pourquoi dis-tu cela ? »

– « L'année dernière, j'avais pris la résolution de perdre vingt kilos ! »

– « Et tu as réussi à perdre combien finalement ? » Lui ai-je demandé.

– « Juste 1 000 euros ! » Répondit-il avant d'éclater de rire.

Il nous a ensuite expliqué comment il a fait appel à une professionnelle de la diététique pour l'accompagner mais qu'intérieurement, il se disait à chaque rendez-vous qu'elle aurait bien besoin elle aussi de perdre vingt kilos. Les grands champions ne sont pas systématiquement les meilleurs entraîneurs, mais mieux vaut s'entourer de gens dont les performances sont avérées !

Souvenez-vous aussi, encore une fois, que les personnes toxiques doivent être tenues à distance lorsqu'elles ne sont pas capables de réfréner leurs comportements nocifs !

Prenez le temps de réfléchir et notez les noms de ceux qui pourront vous tirer vers le haut dans la poursuite de vos objectifs.

• Façonnez votre environnement

Si vous êtes le sprinteur le plus rapide au monde, mais que vous essayez de courir dans la boue, vous n'allez pas atteindre vos objectifs très rapidement. Intégrez un environnement favorable qui vous soutient. Pour apprendre une langue étrangère il est plus efficace de vivre en immersion totale que d'apprendre le vocabulaire et la grammaire.

Réfléchissez et notez : quel serait l'environnement idéal pour accomplir votre objectif ? Que pouvez-vous faire pour atteindre cet objectif ?

• Gratitude et partage

Donnez davantage que ce que vous vous attendez à recevoir et la vie sera toujours abondante ! Le secret de la vie c'est de donner. C'est le meilleur moyen d'être aimé et surtout de s'aimer soi-même.

Donner avant de recevoir, c'est une constante de toutes les sagesses que l'on retrouve aussi bien dans les prescriptions éthiques des grandes religions que dans les stratégies commerciales les plus efficaces.

Donner, ce n'est pas seulement donner de ses moyens, c'est aussi donner de son temps et de sa personne pour ceux qui nous entourent, qui nous sont chers et que nous voulons aider. Il est aussi important de se demander « que puis-je offrir » que de se demander « qu'est-ce que j'y gagne ? ».

Une attitude de gratitude est aussi un excellent moyen de se mettre dans une disposition d'esprit positive et constructive qui mènera à coup sûr au succès.

Demandez-vous donc :

Comment puis-je contribuer positivement au monde qui m'entoure, qui a besoin de moi et que puis-je donner ?

Quels sont les choses, personnes, expériences ou aspects de ma vie pour lesquels je peux être reconnaissant ?

Si vous avez répondu à toutes ces questions, vous avez tous les éléments en main pour définir votre stratégie. Surtout, prenez le temps de boucler la première version de votre stratégie. C'est tout au plus l'affaire de quelques heures si vous vous concentrez un peu. Ne continuez pas à avancer indéfiniment dans l'incertitude et le flou. Ne cherchez pas non-plus à élaborer la stratégie parfaite tout de suite. Une fois votre V1 élaborée – et, encore une fois, cela ne doit pas vous prendre des jours et des jours – commencez à avancer.

Cette stratégie n'est pas figée dans le marbre, mais elle est suffisamment solide pour vous permettre d'entreprendre vos actions. Maintenant que vous avez une stratégie, vous allez certainement être confrontés à des défis et des difficultés, parfois à des échecs. Ne tombez pas dans les deux pièges symétriquement opposés que sont l'inconstance et l'entêtement. L'inconstance consiste à douter à chaque coup dur et céder à la tentation de réviser complètement sa stratégie ou ses objectifs tous les quatre matins. C'est le syndrome de l'équipe de France de rugby : si à chaque défaite, on change d'entraîneur, de joueurs ou de philosophie de jeu, il n'y a aucune chance de parvenir à créer de la progression sur la durée ! L'entêtement, au contraire, consiste à reproduire à l'infini des actions qui ne produisent aucun résultat, ou de rester accrocher à un objectif ou un projet dont tout nous montre de façon concrète qu'il est voué à l'échec.

Laissez une chance à votre stratégie. Fiez-vous y. En même temps, procédez par ajustement. Effectuez tous les réglages que vous pouvez. Vous aurez à coup sûr des résultats si vous faites marcher votre tête.

6.
Maîtrisez le temps (et le stress !)

Le temps est une des rares composantes de la vie qui est universel et partagé par tous. C'est une ressource extrêmement précieuse car chaque minute perdue ne pourra jamais être récupérée. Nous avons chacun un réservoir de temps dont nous ne connaissons pas exactement la contenance. Mais nous sommes tous certains d'avoir une date d'expiration. Nous n'avons aucun moyen de créer du temps, au contraire de l'argent qui circule tout autour de nous en abondance et qui peut être fabriqué à partir de rien.

Lorsque l'on travaille à son compte ou lorsque l'on est entrepreneur – voire lorsque l'on occupe un poste de cadre dans une entreprise – on peut se retrouver très facilement face à une montagne de tâches à accomplir. Cette montagne semble croître à mesure que nous la gravissons. Fort logiquement, une fois votre business lancé, votre « activité » va se développer. D'une certaine façon, votre succès va entraîner un accroissement des produits ou des services vendus et des clients à satisfaire, donc, indirectement, un accroissement du temps de travail. Vous pouvez alors très vite vous retrouver débordé : les journées vont s'allonger, tout comme votre liste de tâches.

Nous pouvons parfois être tentés de penser que le temps que nous consacrons à la réalisation de nos tâches professionnelles est un bon indicateur de notre professionnalisme.

Nous n'hésitons pas à rallonger les journées de travail, nous faisons même parfois en sorte que les autres sachent que nous travaillons longtemps. Nous pensons ainsi nous convaincre et convaincre les autres que nous sommes pleinement engagés dans notre projet ou notre travail.

Dans certaines entreprises, cela peut même devenir un critère implicite de jugement de la performance des managers, tant est entrée dans l'imaginaire collectif, l'idée qu'un cadre ou un dirigeant, en contrepartie d'un statut et d'un salaire relativement avantageux, ne doit pas compter ses heures. Celui qui ne met pas un point d'honneur à être disponible à tout moment pour l'entreprise se voit alors jugé négativement, indépendamment de sa performance réelle.

Lorsque l'on est entrepreneur ou indépendant, on peut aussi être tenté de prendre son temps de travail comme un indice d'engagement vis-à-vis de son projet. On finit alors par se retrouver à travailler nuit et jour, simplement pour se rassurer, et se prouver à soi-même qu'on est en train de faire tout ce qui est en notre pouvoir pour réussir.

Mais force est de constater que l'accroissement de la durée du travail n'est pas un signe de productivité. Au contraire, un gain de productivité consiste à être capable de réduire le temps nécessaire à réaliser une tâche. Et la science nous montre qu'il existe des paliers au-delà desquels travailler devient improductif.

Une étude récente réalisée par des chercheurs de l'Université de Stanford montre ainsi que la productivité horaire baisse brutalement quand la semaine de travail dépasse 50 heures[1]. La productivité chute tellement après 55 heures que cela ne sert plus à rien de travailler. L'étude démontre en effet que les gens

1. John Pencavel : *The Productivity of Working Hours*, April 2014, Institute for the Study of Labor.

qui travaillent jusqu'à 70 heures ou plus par semaine abattent le même volume de travail que les personnes qui travaillent 55 heures.

Inutile donc de passer d'interminables heures au travail pour se convaincre que l'on est sur la bonne route. Inutile aussi de rallonger à l'infini ses journées et ses semaines de travail pour tenter de purger la liste des choses à faire : elle continuera de s'allonger, de toutes façons. À la place, mieux vaut utiliser son temps intelligemment. Rappelez-vous, en effet, que votre objectif en tant qu'entrepreneur ce n'est pas de « travailler plus pour gagner plus », mais au contraire, d'améliorer votre productivité pour gagner plus en travaillant moins !

La gestion du temps est un problème auquel nous sommes tous un jour ou l'autre confrontés et le succès dépend en grande partie de la façon dont nous parvenons à le régler.

• Gérez votre temps de travail

Voici quelques principes que j'utilise pour gérer mon temps de travail intelligemment pendant la semaine et ne pas devenir un esclave du travail, même en tant qu'entrepreneur. Après tout, ne perdons pas de vue que nous cherchons à accroître notre liberté et non les contraintes qui pèsent sur nous !

Rentabilisez votre temps

Derrière la question du temps passé au travail, le réel sujet est bel et bien la rentabilité du temps que nous y consacrons. Il m'arrive souvent de prendre part à des projets par plaisir ou de passer du temps à écouter les projets d'amis, de clients...

Pendant une période, cela me plaît mais au bout d'un certain temps, je commence à ressentir du stress sans vraiment savoir pourquoi.

Finalement, ce qui me détend c'est lorsque je constate que mon temps est à nouveau rentable. D'où l'expression : « Le temps c'est de l'argent ».

Savez-vous combien vaut votre temps ? Êtes-vous du genre à retourner chez Ikea et faire trente minutes de route pour vous faire rembourser un article à trois euros que vous avez acheté en trop ? Si vous faites cela, c'est que vous considérez que votre temps n'a aucune valeur !

À titre personnel et pour le moment, je me suis fixé un seuil psychologique à cent euros de l'heure. C'est-à-dire que je me pose la question au quotidien si le temps que je passe à une tâche va dans le sens de mes objectifs. Si une tâche qui prendrait une heure peut être déléguée pour moins de cent euros alors je me demande s'il ne serait pas plus intéressant pour moi de la déléguer.

L'idéal est de parvenir à complètement décorréler l'argent que l'on gagne du temps que l'on passe au travail. Il s'agit là de la liberté financière à son niveau maximum. Mais il faut être réaliste. Avant de trouver le projet professionnel qui nous permet de gagner de l'argent sans y passer de temps, il nous faudra d'abord rechercher à maximiser la rentabilité de notre temps.

Priorisez

Vous ne pouvez pas espérer être productif si vous ne planifiez pas un minimum ce que vous allez faire de vos journées. Si vous avez le sentiment d'être débordé ou que vous ne savez plus où donner de la tête, c'est sans doute que vous ne planifiez pas assez vos journées et vos semaines. Planifier, cela signifie commencer par lister ce que vous avez à faire et hiérarchiser vos tâches ou vos objectifs en fonction de vos priorités. C'est un principe fondamental sur lequel insistait notamment le gourou du développement personnel Stephen Covey et qu'il exprimait par la formule *put first things first,* c'est à dire, « donnez la priorité à ce qui est prioritaire »[1].

Un travers très répandu consiste à remplir notre journée de micro-tâches plus ou moins urgentes mais qui, finalement, ne contribuent pas à faire avancer nos projets essentiels. En général, ceci est vecteur de stress, car à mesure que le temps passe, nous nous rendons bien compte que nous n'avançons pas concrètement, quoi que nous soyons pourtant actifs du matin au soir.

Pour planifier correctement votre temps, commencez par lister tout ce que vous devez faire. Puis, hiérarchisez votre liste.

Vous pouvez pour cela utiliser une matrice d'Eisenhower. Il suffit de distribuer vos tâches en fonction de deux axes : un axe « urgent » et un axe « important ».

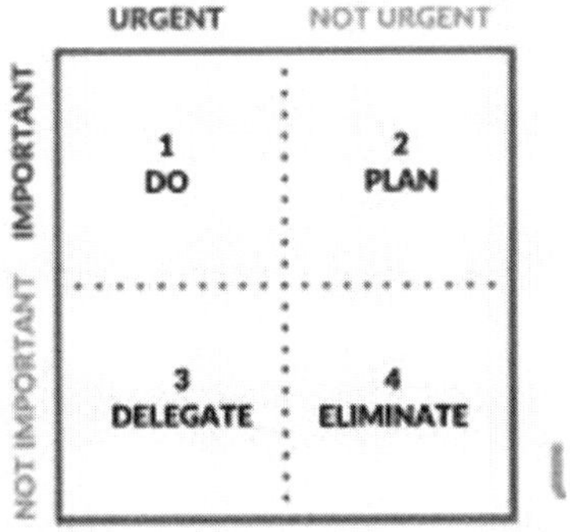

1. Stephen Covey : *Les sept habitudes des gens qui réussissent tout ce qu'ils entreprennent,* First Editions, 1989.

Vous obtenez quatre quartiers qui correspondent à quatre types d'actions plus ou moins productives.

1. ***Important et urgent:*** c'est l'ensemble des choses qui vont effectivement contribuer à faire avancer votre projet et pour lequel vous avez une échéance serrée. Si vous passez tout votre temps à réaliser ces tâches, c'est sans doute que vous avez plus de choses à faire que vous ne le pouvez. Il faudra alors soit réviser vos priorités, soit déléguer un maximum des autres tâches pour travailler plus sereinement sur celles qui sont à la fois importantes et urgentes.

2. ***Important mais non urgent :*** c'est ce qui constitue le cœur de votre mission. C'est l'ensemble des actions qui vont vous permettre de réellement concrétiser vos projets. C'est le quartier dans lequel vous devez passer le plus de temps. Les tâches qui sont importantes mais pas urgentes sont celles que vous allez devoir planifier, leur assigner un temps de réalisation, et vous tenir à cette planification.

3. ***Urgent mais pas important :*** ce sont les urgences qui vous sont imposées par d'autres. Ce sont des choses pour lesquelles vous avez des échéances proches, ou que vous êtes tenus de faire, mais dont vous avez le sentiment que cela ne vous fera pas vraiment avancer dans votre projet. Le temps consacré aux tâches urgentes mais pas importantes doit être réduit, soit en les éliminant, soit en les déléguant.

4. ***Pas urgent, pas important :*** c'est l'ensemble des choses vraiment non essentielles que vous faites et vous empêchent de prendre le taureau par les cornes et faire ce qui fera la différence dans votre vie. Tout ce qui tombe dans cette catégorie constitue une perte de temps. Vous devez éliminer tout ce qui se trouve dans cette catégorie-là.

Je vous conseille d'utiliser cette matrice pour éliminer tout ce qui doit l'être de votre quotidien et vous consacrer seulement à l'essentiel. Prenez donc un moment pour définir vos tâches et les prioriser.

Évaluez le temps de réalisation de vos tâches

Maintenant que vous savez ce à quoi vous devez consacrer votre temps et dans quel ordre de priorité, vous devez évaluer au plus près le temps que cela vous prendra pour effectuer ces tâches. Ce n'est pas facile et, selon votre personnalité, vous allez vous retrouver à suivre l'une des deux tendances suivantes : la sous-estimation et l'expansion infinie.

Ceux qui ont tendance à la sous-estimation sont généralement trop optimistes : ils se fixent des échéances trop serrées ou un nombre de tâches à accomplir trop important pour le temps dont ils disposent. À moins de considérer la pression comme un moteur ou d'aimer travailler sous pression (ce qui est bénéfique jusqu'à un certain seuil) cette tendance conduit au surmenage et à la « noyade » professionnelle. Vous ne saurez plus où donner de la tête et aurez l'impression de n'avancer sur aucun front. Si c'est là votre tendance, je vous conseille d'évaluer le temps que prendra la réalisation des tâches que vous planifiez et d'y appliquer une majoration systématique, afin de vous donner une marge de sécurité.

Par exemple, si vous pensez qu'il vous faudra quatre heures pour finaliser un dossier, majorez cette estimation d'au moins deux heures. Vous réduirez ainsi le stress et augmenterez votre satisfaction d'avoir réussi à accomplir ce que vous aviez prévu dans le temps imparti.

Estimer judicieusement la durée de réalisation de vos tâches est une compétence que vous allez affiner au fil du temps.

À l'inverse, ceux qui sont sujet à « l'expansion » ont tendance à souffrir des effets de la « Loi de Parkinson ». Cette loi suggère que tout travail tend à se dilater pour occuper tout le temps qui lui est imparti. Autrement dit, il n'existe pas de durée objective définie pour l'accomplissement d'une tâche. C'est vous qui en fixez le temps de réalisation : si vous décidez qu'une tâche va vous prendre 6 heures, elle vous prendra effectivement 6 heures. Si vous décidez qu'il vous faudra deux heures pour la réaliser, alors vous parviendrez à la réaliser dans la limite des deux heures que vous avez fixée. Si vous voyez que vous avez tendance à passer trop de temps sur certaines tâches, que vous avez systématiquement l'impression qu'il vous faut toujours plus de temps pour finir quelque chose, il est temps pour vous de resserrer les échéances. Soyez exigeant et concentré pour vous en tenir aux limites que vous vous êtes fixés.

Sous-estimation ou expansion, dans les deux cas, le remède réside dans le même principe : planifiez judicieusement et respectez le plan. Soyez souple lorsque c'est nécessaire, mais restez le maître des horloges !

Planifiez

Maintenant que vous avez une liste de tâches à réaliser et le temps de réalisation estimé pour chacun d'elles, vous pouvez vous lancer dans la planification. Cela va consister à définir dans votre semaine, les blocs de temps que vous allez assigner à des tâches particulières. C'est assez simple dans le principe. La vraie difficulté consiste à s'y tenir.

Dans l'idéal, une session de planification hebdomadaire vous permettra de faire le point et d'avancer intelligemment au cours de la semaine à venir. Mais cette session de planification hebdomadaire ne doit pas vous conduire à omettre la planification quotidienne. Tous les matins, commencez votre journée par une session de planification. Passez en revue tout ce que vous avez prévu de faire dans la journée. Visualisez le plus clairement possible le déroulé de votre journée, assurez-vous que votre planification est réaliste, jusqu'à ce que vous ayez le sentiment d'être pleinement prêt à réaliser ce que vous avez prévu d'accomplir. Puis, lancez-vous !

Une bonne planification doit être souple et réaliste. Cela signifie que vous allez peut-être faire face à des imprévus et qu'il faudra réorganiser votre temps. Cela sera d'autant plus facile à faire que vous avez été réaliste dans votre gestion du temps : n'en mettez pas trop à faire au cours d'une journée. Prévoyez une marge de sécurité. L'important est de vous assurer que vous allez être capable de réaliser ce que vous aviez prévu de faire au cours de la journée.

Il existe un moyen de vous « contraindre » à devenir meilleur dans l'estimation du temps de réalisation de vos tâches : cela consiste à ne jamais terminer votre journée de travail avant d'avoir accompli ce que vous aviez prévu d'accomplir. Ce faisant, si vous avez « chargé la mule » de façon irréaliste, vous allez vous retrouver à travailler de nuit ! Vous vous souviendrez alors d'être plus prudent dans la planification de votre temps.

Considérez vos tâches importantes comme des RDV

Trop souvent, nous ne nous tenons pas à ce que nous avons écrit. Nous planifions quelque chose d'important puis une urgence, souvent l'urgence de quelqu'un d'autre, vient nous dévier de notre course. Et nous remettons à plus tard ce que nous avions à faire. Je vous donne un exemple : un manager sait qu'il est important qu'il tienne ses réunions hebdomadaires avec ses n-1 mais, systématiquement, un incident ou une demande de sa direction, ou un dossier à traiter en urgence, le conduit à reporter sa réunion : c'est une erreur stratégique importante dans la mesure où il perd le contrôle de son emploi du temps et se fait imposer son rythme par d'autres que lui-même et les objectifs qu'il s'est fixé. Or, ce sont nos objectifs qui doivent définir notre emploi du temps. Pas ceux des autres.

Il y a néanmoins un type de tâches que nous faisons rarement sauter. Ce sont les rendez-vous clients : lorsque vous fixez un rendez-vous avec un client, il est rare que vous le reportiez au dernier moment parce qu'une urgence relative se dresse sur votre route. L'enjeu est trop important et, pour des raisons culturelles sans doute, il nous apparaît naturel que cela ne se fait pas.

En fait, nous devrions aborder toutes nos tâches importantes dans le même état d'esprit : toutes les tâches importantes, celles dont vous savez qu'elles constituent le moteur de votre projet, doivent être considérées comme des rendez-vous clients. Si vous êtes tentés de remettre à plus tard une tâche importante que vous aviez planifiée, dites-vous que cela ne se fait pas. Faites-en un principe. N'hésitez pas à décliner les sollicitations d'autrui qui vous conduiraient à repousser la réalisation de tâches importantes mais non urgentes : ces dernières finiraient par le devenir !

Concentrez-vous

Le progrès nous enjoint à devenir polyvalents et multitâches. Nous conduisons de front plusieurs projets. Ce n'est pas en soi un problème et c'est même dans une certaine mesure ce qui donne du sel à nos entreprises. Cependant, conduire trop de projets à la fois peut s'avérer être un obstacle dans la mesure où nous risquons de ne plus avancer sur aucun d'entre eux.

Il peut arriver que dans une période où nous devons jongler entre différents projets, on se retrouve avec un emploi du temps complètement « saucissonné ». Les journées ressemblent alors à une longue marelle où l'on saute de case en case, mais pour se rendre compte à la fin de la journée que l'on n'atteint jamais le ciel : on n'a en réalité produit aucune avancée significative dans l'un ou l'autre de nos projets.

Pour éviter cette situation, il convient de résister au « hachage » de son emploi du temps : vous serez plus efficace si vous parvenez à organiser vos journées en blocs de temps de plusieurs heures que vous pouvez consacrer à une seule tâche ou un seul type de tâches.

Pour y parvenir, pensez à regrouper les tâches d'une même nature au cours de votre semaine. Par exemple regroupez vos rendez-vous à l'extérieur sur une même journée, en fonction de leur localisation, consacrez une demi-journée à vos tâches administratives, ou encore bloquez-vous une journée complète pour travailler sur une tâche créative importante, etc. Vous augmenterez ainsi votre capacité à vous concentrer pour performer.

Il existe un autre obstacle majeur à notre concentration. Le progrès technologique et l'économie digitale, entièrement fondés sur la captation de notre attention, génèrent un éparpillement permanent de notre attention. Nous sommes en permanence racolés par toutes sortes d'entreprises qui ont besoin de notre attention pour se développer, et tout le monde est disponible en permanence par le biais du téléphone et des réseaux sociaux.

Or, pour être vraiment performant dans la réalisation d'une tâche, nous avons besoin d'entrer dans un état que l'on appelle le « flow »[1]. Cela désigne une sorte d'état optimal au cours duquel toutes nos ressources mentales sont consacrées à une tâche particulière : lorsque nous entrons dans le flow, le temps passe plus vite, nos idées semblent plus rapides et notre concentration est à son maximum. Or, il faut environ 20 minutes pour entrer en état de flow, et cet état peut durer entre quelques dizaines de minutes et plusieurs heures. Mais dans notre environnement actuel, les coups de fil, les notifications, les emails, ainsi que notre propre tendance à la distraction font que l'on peut se retrouver à passer des journées entières de travail sans jamais être parvenu à se consacrer totalement à une seule tâche pendant au moins 20 minutes.

Vous avez entre vos mains le pouvoir de créer l'environnement propice au flow. Il suffit pour cela de faire deux choses :

D'abord, organisez votre temps en blocs suffisamment longs pour vous permettre d'être pleinement concentrés sur ce que vous devez accomplir.

Ensuite, coupez les sources de distraction, y compris si cela signifie mettre votre téléphone en mode avion et désactiver votre connexion à l'internet.

C'est ce que préconise Caterina Fake, fondatrice de Flickr : elle s'était rendu compte que la consultation de ses messages, des réseaux sociaux et la simple recherche d'informations sur Internet lui faisaient perdre beaucoup de temps. Partie pour envoyer un e-mail ou chercher la référence d'un produit, elle se retrouvait souvent à errer sur internet ou scroller son téléphone sans but précis.

---

1. Une notion développée par le psychologue d'origine hongroise Mihaly Csikszentmihalyi.

Elle a donc mis au point une stratégie pour optimiser son temps : elle a toujours auprès d'elle un carnet affublé du signe WNO, ce qui signifie « When Next Online » et que l'on pourrait traduire par : « pour la prochaine fois que je serai connectée ». Elle note sur ce carnet tout ce qu'elle doit faire et qui nécessite une connexion : envoyer un email, commander un livre, rechercher la traduction d'un mot, obtenir une information sur un type de produit, répondre à une discussion *messenger*, vérifier son compte en banque, etc. Tous les jours, elle assigne des plages horaires réduites pendant lesquelles elle est connectée au réseau. Elle fait alors tout ce qu'elle doit faire en ligne. Puis elle se débranche pour pouvoir continuer à travailler efficacement, passer du temps avec sa famille et ses amis ou pratiquer un loisir. Cette méthode lui a notamment permis de réserver dans ses journées des plages horaires à la réflexion créative pour explorer de nouvelles idées de business à développer.

Restez maître de votre temps

Voici quelques derniers conseils qui peuvent vous être utiles pour garder la main sur le temps.

Ne vous chargez pas des urgences des autres. Il y aura toujours des gens pour vous demander de faire des choses qui vous éloigneront de ce qui est important pour vous. N'ayez pas peur de paraître impoli ou peu sympathique. Si vous avez mieux à faire, ne sortez pas de votre plan pour servir les plans des autres. A la fin, vous vous retrouverez mangé par les priorités des autres au lieu d'avancer sur les vôtres. Cela ne signifie pas que vous devez devenir égoïste et autocentré : si vous êtes salarié, les demandes des autres ne doivent pas vous empêcher de faire votre travail. Et si vous travaillez en indépendant, ce n'est pas parce que vous n'avez pas un emploi ordinaire que vous êtes constamment disponible. Planifiez donc des temps de disponibilité, et lorsque quelqu'un vous demande quelque chose qui n'est pas prévu ou qui n'est pas prioritaire, planifiez-le dans ce créneau dédié. Si le créneau dédié est déjà pris, proposez de repousser la chose à un moment où vous serez disponible.

Apprenez à déléguer. Vous ne pouvez pas tout faire tout seul. Vous devez donc vous consacrer seulement à ce qui apporte de la valeur ajoutée à votre activité. Apprenez à déléguer ce qui n'est pas important ou ce que vous n'êtes pas en mesure de faire vous-même. Parfois, il vaut mieux investir un peu de moyens pour payer quelqu'un qui fera mieux et plus vite que vous, et consacrer le temps ainsi libéré à ce qui crée vraiment de la valeur.

Résistez à la procrastination. Si vous ne parvenez pas à vous défaire de la procrastination, choisissez quelqu'un à qui vous devrez rendre des comptes. Un bilan hebdomadaire avec cette personne vous permettra d'évaluer votre performance et de voir si vous êtes parvenu à avancer ou non.

• Gérez votre temps de repos

Xavier est un dirigeant d'entreprise qui répond parfaitement à la définition de l'entrepreneur à succès. A 39 ans, il dirige depuis près de 10 ans un réseau d'agences immobilières et un site e-commerce de voyages. Il est par ailleurs père de trois enfants en bas âge et c'est donc un homme qui est aussi occupé à la maison qu'au travail.

Il y a une chose que Xavier refuse de faire le week-end : travailler.

Il m'a confié, à l'occasion d'un rendez-vous : « je ne vais jamais au bureau le week-end, mais j'avoue regarder mes emails le soir.

Mes week-ends sont des moments importants pour déconnecter du quotidien et pouvoir réfléchir plus profondément sur mes sociétés et mes secteurs. Les week-ends sont une grande occasion d'être plus introspectif au sujet des questions qui importent le plus. »

Les personnes qui réussissent connaissent l'importance de réduire la voilure le week-end, de se détendre et de pratiquer des activités qui leur changent les idées. Comme Xavier, elles utilisent leurs week-ends pour se créer une meilleure semaine à venir.

C'est plus facile à dire qu'à faire, alors voici un guide en 6 étapes appliquées par ceux qui réussissent pour trouver l'équilibre le week-end et retourner au travail à 110 % le lundi matin.

Déconnectez-vous

La déconnexion est la stratégie la plus importante de cette liste, parce que si vous ne pouvez pas décrocher électroniquement de vos tâches professionnelles du vendredi soir jusqu'à lundi matin, alors vous n'avez jamais vraiment quitté le boulot.

Être disponible pour vos tâches professionnelles 24h/24h vous expose à un flux constant de stress : cela réduit votre capacité à vous concentrer ; vous ne disposez plus d'assez de temps de prise de recul et de régénération pour prendre des décisions saines et être efficace. Déconnecter est normalement un choix à notre portée, à moins de souffrir d'une véritable addiction, auquel cas il faudra entreprendre une démarche particulière. Mais il suffira la plupart du temps de s'engager à ne pas consulter ses emails et son téléphone professionnel pendant le week-end, et donc de paramétrer ses outils numériques en conséquence.

Il se peut néanmoins que prendre le week-end entier sans traiter des emails et des appels professionnels ne vous semble pas réaliste, soit en raison de quelque impératif lié à votre activité, soit parce que cela sera pour vous un vecteur d'angoisse supplémentaire. Si tel est le cas, il vous faudra sans doute travailler spécifiquement sur cette angoisse, mais en attendant, vous pouvez commencer par circonscrire votre temps connecté dans des plages réduites, comme je vous ai invité à le faire le reste de la semaine. Essayez de définir des horaires spécifiques les samedis et dimanches pour répondre aux emails et aux messages vocaux. Par exemple, vérifiez vos messages une seule fois le samedi après-midi lorsque vous êtes seul. C'est amplement suffisant. Une plage horaire courte et concentrée dédiée aux emails soulageront le stress sans sacrifier votre disponibilité le reste du week-end.

Afin de réduire votre stress, pensez aussi à planifier la semaine suivante dès le début du week-end, voire même à la toute fin de votre dernier temps de travail. 30 minutes suffisent pour revoir son planning et peut apporter des gains de productivité substantiels tout en réduisant le stress. Le week-end semblera beaucoup plus agréable parce que vous n'aurez pas à anticiper la semaine à venir. La semaine semblera elle aussi beaucoup plus gérable quand vous la démarrez avec un plan parce que vous n'avez plus qu'à vous concentrer sur l'exécution.

Réduisez les corvées

Il arrive que nous réservions pour le week-end les corvées que nous n'avons pas eu le temps de réaliser au cours de la semaine. Cela paraît ainsi raisonnable de faire ses courses, tondre sa pelouse, faire son ménage ou s'adonner à du menu bricolage le samedi ou le dimanche, une fois que notre esprit est détaché des préoccupations professionnelles. Toutefois, la liste des corvées peut finir par enfler au point de remplir tout le week-end. Quand c'est le cas, vous perdez l'occasion de vous détendre et de prendre du recul. Et au bout du compte, vous aurez simplement consacré votre week-end à une autre forme de travail. Vous aurez ainsi passé toute la semaine à accomplir des tâches et vous entamerez la semaine suivante mentalement et physiquement très peu reposé, voire tout bonnement épuisé.

Il faut procéder ici de la même façon que pour les emails et, au fond, de la même façon que pour les autres tâches ou rendez-vous que vous honorez au cours de la semaine : programmez-les. Attribuez à chaque tâche des temps de réalisation réalistes et raisonnables. Et si vous ne les accomplissez pas pendant le temps imparti, prévoyez de les terminer le week-end suivant.

Prenez du recul

Comme je vous le relatais plus haut, Xavier considère que le week-end doit nous donner l'occasion de faire une introspection et de réfléchir à ce qui compte vraiment. C'est le moment d'aborder les questions que l'on n'a pas le temps de se poser le reste de la semaine, lorsque l'on a la tête dans le guidon. On a vu au chapitre précédent l'importance de combiner réflexion profonde et accomplissements concrets. Le week-end est un moment idéal pour prévoir une plage de réflexion profonde, un moment pour se poser et se recentrer sur ce qui compte vraiment pour vous, tant sur le plan personnel que sur le plan professionnel – les deux étant toujours interdépendants. Vous pouvez consacrer un moment de votre week-end à réfléchir aux forces en présence dans votre secteur d'activité, à votre organisation, à votre méthode de travail. Détaché des préoccupations habituelles de la semaine, vous devriez pouvoir voir les choses sous un autre jour. Utilisez cette analyse pour faire éventuellement évoluer votre façon de travailler dès la semaine suivante, en améliorant l'efficience et l'efficacité de vos activités.

Ressourcez-vous par des activités diverses

Vous n'avez pas une minute pour faire de l'exercice pendant la semaine ? Utilisez les 48 heures de chaque week-end pour faire en sorte d'y remédier. Mettre votre corps en mouvement, ne serait-ce que 10 minutes, permet d'activer les GABA, un neurotransmetteur calmant et réduisant le stress. L'exercice physique est également un excellent moyen pour avoir de nouvelles idées. Ceux qui innovent et réussissent savent qu'être dehors favorise souvent la créativité. Que ce soit en courant, en faisant du vélo, du jardinage, en jouant au tennis, au football ou au golf, l'exercice favorise l'introspection et libère les endorphines. La clé est de trouver l'activité physique qui fait ceci pour vous et de l'intégrer dans votre routine du week-end.

S'adonner à ses passions est un autre moyen d'échapper au stress et d'ouvrir votre esprit à de nouvelles façons de penser. Les activités comme la musique, la lecture, l'écriture, la peinture, ou même jouer avec vos enfants stimulent les différents modes de pensée et favorisent la récupération mentale. Vous pourriez aussi programmer des micro-aventures : aller à un concert ou au cinéma, réserver une nuit dans ce nouvel hôtel sympa qui a récemment ouvert pas loin. Au lieu de trainer chez vous, prévoyez une sortie pédestre. Essayez quelque chose que vous n'avez jamais fait avant ou peut-être quelque chose vous n'avez plus fait depuis longtemps. Les études prouvent que le fait de savoir que quelque chose de bon est à venir, joue un rôle important dans le plaisir qu'on prendra à exercer une activité.

Sachant que vous avez quelque chose d'intéressant prévu pour le samedi, non seulement vous prendrez du plaisir le moment venu, mais cela améliorera de manière significative votre humeur tout au long de la semaine précédente.

Passez du temps avec votre famille

Passer du bon temps avec votre famille le week-end est essentiel si vous voulez recharger les batteries et vous détendre. Les jours de la semaine sont parfois si intenses qu'elle peut défiler sans que vous ayez pu passer de bons moments avec votre famille. Ne laissez pas cela se produire pendant vos week-ends. Amenez vos enfants au parc, sortez avec votre conjoint, allez rendre visite à vos parents. Vous serez heureux de l'avoir fait car au fond de vous, vous savez que c'est bien. Sans cela, vous prenez aussi le risque de créer des conflits familiaux ou des disputes conjugales... Si vous êtes déjà à la limite de la rupture mentale, vous pourriez tout faire exploser en vol !

Gérez les matinées

Il est tentant de rester au lit le week-end pour rattraper votre sommeil. Même si cela peut faire du bien sur le moment, se réveiller à horaires irréguliers touche à votre rythme circadien[1].

Votre corps passe par une série élaborée de phases de sommeil afin que vous puissiez vous réveiller reposé et régénéré. L'une de ces phases sert à préparer votre esprit à être éveillé et alerte.

---

1. Le rythme circadien est l'étude d'une période de 24 heures pendant lesquelles un certain nombre de mécanismes biologiques et physiologiques se répètent. Les rythmes circadiens sont calqués sur une horloge interne qui régule, notamment, le rythme de l'état de veille/sommeil,

C'est la raison pour laquelle il est fréquent de se réveiller juste avant que votre alarme ne se déclenche (le cerveau est entraîné et prêt). Quand vous dormez au-delà des vos horaires habituels, ne vous sentez-vous pas finalement plus fatigué ? Ces changements de rythme n'ont pas que des conséquences ces jours-là, mais ils vous rendent également moins productif le lundi parce que votre cerveau n'est plus prêt à se réveiller à l'horaire habituel. Si vous avez du sommeil en retard, il est préférable de se coucher plus tôt.

Il peut être difficile d'avoir du temps pour soi-même les week-ends, surtout si vous avez une famille. Pratiquer votre activité favorite en tout début de matinée peut apporter des bénéfices à toute la famille car vous serez de bonne humeur et l'esprit ouvert pour le reste de la journée.

C'est également une façon de perfectionner votre rythme circadien en vous forçant à vous réveiller au même moment que les autres jours de la semaine. Votre esprit est au top de ses capacités deux à quatre heures après votre réveil. Alors profitez-en pour faire quelque chose de physique d'abord, puis préférez quelque chose de plus « mental » tandis que votre esprit est au sommet.

• Régénérez-vous

Vous le voyez, une bonne partie des conseils que je viens de vous donner mettent l'accent sur l'importance de la régénération. Vous ne pourrez travailler dur qu'un certain temps avant de voir vos réserves physiques et mentales s'épuiser et de vous retrouver en situation d'échec. Votre semaine comme vos week-ends doivent inclure des temps de régénération. Certains spécialistes conseillent de ponctuer sa journée de temps de régénération. Vous pouvez décider de mettre au moins quatre moments régénérant dans vos journées. Cela peut-être aussi simple que de se poser pour lire le journal, faire des respirations profondes, écouter de la musique, savourer une pomme, ou tout simplement contempler le paysage ou vous promener dans la rue. Parmi les activités très efficaces pour se régénérer, améliorer sa productivité, mieux gérer son temps et réduire le stress, on compte la méditation, la sieste, l'exercice de la gratitude, l'exercice physique et l'activité artistique.

La régénération est paradoxalement ce que l'on néglige le plus souvent lorsque l'on entre dans des phases critiques de l'activité – précisément, donc, au moment où on en a le plus besoin. Cela peut être les moments d'activité trop intense, ou bien les moments de stress, de doute ou de découragement au cours desquels nous commençons à nous demander si nous avons fait le bon choix.

On peut toujours se répéter des phrases de motivation du genre « ceux qui abandonnent ne gagnent jamais » et « l'échec n'est pas une option ». Mais cela sonne creux lorsque nous sommes dépassés par la pression du travail qui s'accumule, que nous n'avons parfois ni temps pour nous, ou par manque d'argent ou d'énergie.

Voici trois techniques que vous pouvez mobiliser pour faire face à ces moments de doute et de fatigue pour trouver de la régénération en temps de crise.

Arrêtez-vous un moment et repartez plus intelligent

Souvent, lorsque j'entends des voix dans ma tête me disant : « tu ferais mieux d'arrêter », il s'agit alors d'une alerte que la rupture physique et mentale me guette. Cela signifie que j'ai tellement été impliqué dans mes projets et mon travail que j'ai vraisemblablement ignoré de précédents signaux d'alerte de tempête mentale et que la tornade est sur le point d'arriver.

Lorsque cela vous arrive, essayez d'interpréter ce genre de signal comme ceci : « Ce que tu fais ne fonctionne pas, ce n'est pas tenable dans ces conditions et ce sera moche quand tout s'effondrera. » Cela ne veut pas dire que vous avez besoin de tout quitter et de commencer à chercher un autre job. Cela signifie plutôt que vous devez arrêter de faire ce que vous faites de cette façon-là.

Alors arrêtez. Si vous devez terminer une tâche ou une mission importante, promettez-vous de faire un vrai break après. Et tenez parole. Allez ensuite faire une sieste, allez marcher, faites des respirations. Faites ce qui vous convient pour couper pour de bon.

Demandez-vous ensuite ce qui doit changer pour être plus efficace dans ce que vous devez faire, ce qui est faisable dans le temps que vous souhaitez y consacrer et ne risque pas de vous submerger mentalement. Puis revenez avec un nouveau plan pour repartir.

Reconnectez-vous avec votre vision et vérifiez que vous êtes sur la bonne route

De temps en temps, lorsque les sirènes de l'abandon retentissent, c'est parce que mon inconscient me dit que ce que je fais ne m'emmène pas là où je veux aller. Parfois, je réalise que je m'épuise à faire des choses que je pense devoir faire pour obtenir ce que pense devoir obtenir alors qu'en réalité, je travaille à construire un avenir qui ne correspond plus au rêve que j'avais de ma vie d'entrepreneur.

Quand cela m'arrive, je dois alors me réapproprier ma vision et ma feuille de route. Si je décide de reprendre le chemin qui me rapproche à nouveau de mes rêves et de mes passions, mon cœur se remet à battre un peu plus vite, mon esprit se reconcentre et génère à nouveau des pensées positives. La volonté revient, la fatigue s'estompe et le brouillard mental se dissipe jusqu'à disparaître totalement.

Arrêtez de vous prendre pour un héros solitaire incompris

Même les superhéros ont des coups de mou. Combien de fois ont-ils besoin d'une aide extérieure pour reconquérir leurs pouvoirs et leur envie d'exercer leurs dons pour le bien de l'Humanité. Quand j'ai l'impression d'être comme un enfant orphelin dans le désert, je sais que l'entourage familial et amical, même bienveillant, n'est pas toujours une bonne idée pour m'aider à écrire la suite de mon histoire professionnelle.

Parfois, j'ai besoin de demander de l'aide auprès de personnes extérieures à la situation, qui sauront challenger ma perception et mon état d'esprit. Pour cela, j'aime discuter avec des mentors qui connaissent ce genre d'épreuves et qui ont déjà ressenti ce que nous vivons. Une autre solution consiste à sortir pour rencontrer de nouvelles personnes dans le cadre de conférences, d'événements associatifs ou de rencontres professionnelles.

Bien souvent, cela me permet de changer ma vision et le ressenti des difficultés que je traverse. Cela libère alors l'énergie pour continuer à avancer. Il suffit parfois de peu de choses pour reprendre courage, se débarrasser d'une ou deux tâches qui nous encombrent l'esprit. Peu importe de quoi il s'agit, c'est parfois le fait d'accepter de recevoir de l'aide qui nous soulage et qui nous permet d'avancer à nouveau.

Si rien de tout cela ne fonctionne, alors je m'abandonne complètement à l'idée de tout arrêter. Je me dis: « Allez j'arrête ». Cette solution est extrême mais cela m'oblige alors à changer d'exercice. Il s'agit alors de lister tout ce que je dois faire pour arrêter. Démissionner ou fermer l'entreprise, prévenir les clients, rechercher un nouveau job, devoir refaire mes preuves...

À chaque fois que j'ai commencé cet exercice mental, en me projetant en train de devoir reprendre une mission professionnelle subie, je me remets tout de suite au travail et à la poursuite de mes propres rêves. Au fond, on pourra toujours abandonner plus tard.

Exercices

Gérez votre temps : définissez vos objectifs pour la semaine à venir

Listez les tâches que vous devrez accomplir pour atteindre ces objectifs et définissez pour chacune d'entre elles si elle est :

- Urgente et importante
- Urgente mais pas importante
- Non urgente mais importante
- Non urgente et pas importante
- Estimez de façon réaliste et raisonnable la durée de réalisation de chacune de ces tâches.
- Définissez l'emploi du temps de votre semaine à venir en ayant pris soin de placer en premier les tâches urgentes et importantes ainsi que les tâches non urgentes mais importantes.
- À la fin de la semaine, évaluez-vous et demandez-vous ce que vous pouvez améliorer.

Gérez votre temps de repos : planifiez votre week-end

Prenez le temps de planifier vos week-ends en ayant soin d'y intégrer :

- Du temps pour vous
- Du temps de qualité avec ceux qui vous sont chers
- Du temps pour faire une activité enrichissante et régénérante
- Une stratégie pour tenir à distance les sources de stress et le travail

7.
Développez votre réseau et vos relations

Que vous soyez salarié, indépendant ou entrepreneur, il est impératif d'interagir avec les autres si vous voulez évoluer et progresser dans vos compétences.

Si vous connaissez la pyramide des besoins de Maslow, vous vous souvenez sûrement que le sentiment d'appartenance et d'amour (l'affection des autres) et l'estime (qui inclut le respect et la reconnaissance des autres) constituent des besoins essentiels pour tout être humain, au même titre que les besoins physiologiques (sommeil, reproduction, nourriture) et les besoins de sécurité (bonne santé, stabilité matérielle, etc.).

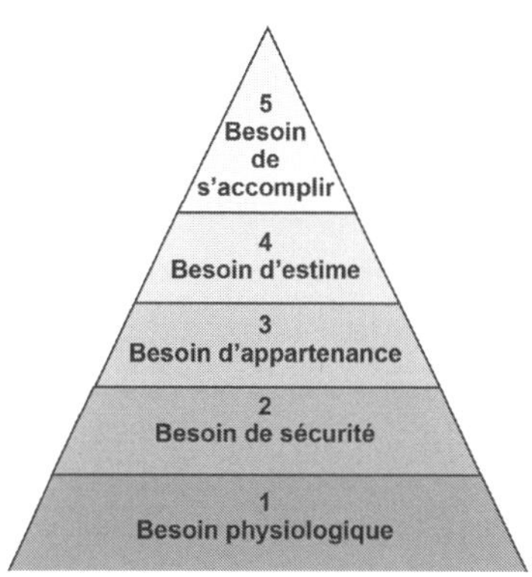

Même sans l'ambition de devenir un grand leader ou un entrepreneur à succès, l'être humain a besoin de s'informer, de partager, de s'intégrer à un groupe et d'obtenir un statut social.

C'est d'ailleurs ce qui explique le succès des réseaux sociaux. À tel point que certains humoristes ont modernisé la pyramide de Maslow, qui date de 1954, en ajoutant à la base de la pyramide, le « WIFI » comme besoin primaire avant même le besoin de survie.

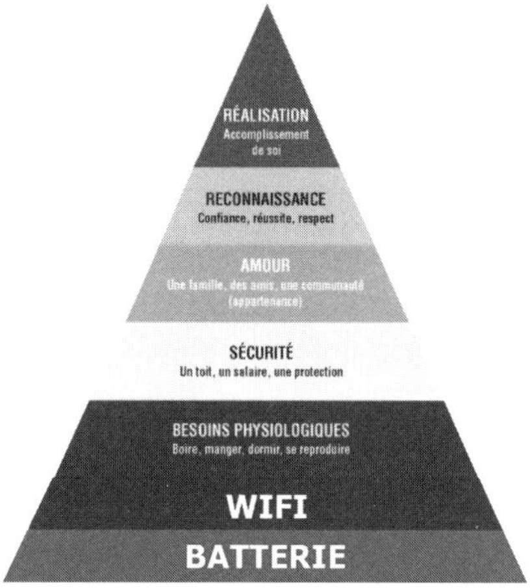

La théorie de Maslow, notamment dans sa forme vulgarisée à outrance, est aujourd'hui critiquée parce qu'elle propose une hiérarchie qui ferait penser que les besoins sociaux, quoi qu'essentiels, seraient secondaires par rapport aux besoins vitaux. Or, c'est précisément cet aspect-là qui, confronté aux expériences réelles des individus est critiquable : la précarité n'empêche pas les individus de faire des choix mus par le besoin d'appartenance, le besoin d'estime et le besoin de s'accomplir.

Nous sommes des êtres fondamentalement sociaux. Nous ne pouvons fonctionner pleinement et être épanouis que dans la mesure où notre part sociale est satisfaite. Il ne s'agit pas là seulement d'un besoin de satisfaction de notre égo, mais bien d'une nécessité profonde pour pouvoir fonctionner et survivre. C'est d'ailleurs une des raisons pour lesquelles j'ai ressenti l'envie et le désir de créer la communauté « Les Investisseurs Malins » sur Instagram. Au passage, je vous invite à nous rejoindre !

Vous avez tous entendu parler de la théorie darwiniste de l'évolution. Et nous avons tous entendu cette théorie parodiée au point que l'on finit par n'en retenir qu'un seul principe selon lequel seuls les individus les plus adaptés parviennent à survivre et se perpétuer dans le temps. Cette loi de l'adaptation est souvent caricaturée pour devenir la loi du plus fort. Comme le rappelle justement l'essayiste Gauthier Chapelle, cette loi du plus fort ne fait pas justice à la théorie de Darwin, beaucoup plus complexe et subtile, mais elle oublie surtout que l'autre grande loi de la nature, à côté de la loi de l'adaptation, c'est la loi de l'entraide[1]. Les espèces et les spécimens qui survivent sont ceux qui parviennent à créer des liens de réciprocité avec d'autres. C'est la base de toute économie. Il est important de vous souvenir, si vous vous lancez dans l'aventure entrepreneuriale, que vous ne pourrez rien réussir tout seul. Vous aurez besoin de vous entourer, de développer votre réseau et vos relations pour trouver les ressources qui seront nécessaires au succès.

Une troisième loi vient compléter celles de l'adaptation et de l'entraide, c'est la loi de l'imitation. Nous sommes naturellement programmés pour reproduire les comportements que nous observons chez les autres (c'est le principe des neurones miroirs), et certains chercheurs pensent que nous sommes même programmés pour désirer ce que désirent les autres (c'est la théorie du désir mimétique). L'un des avantages que nous procure cette inclination à la reproduction des comportements que nous observons chez les autres, c'est que cela peut nous permettre, à l'échelle de l'espèce, d'acquérir plus vite des

---

1. Gauthier Chapelle & Pablo Servigne : *L'entraide, l'autre loi de la jungle*, Les liens qui libèrent, 2017.

savoirs utiles à notre survie. En effet, l'imitation constitue l'une des deux grandes méthodes que les espèces animales utilisent et combinent pour acquérir de nouvelles compétences, l'autre étant la méthode par tâtonnement (essais/erreurs/corrections).

L'imitation sans anticipation peut conduire à des catastrophes personnelles ou humanitaires majeures. Mais avec un minimum de réflexion, des objectifs et des valeurs clairement définis, l'imitation vous permet de ne pas reproduire les phases de tâtonnement par lesquelles d'autres sont déjà passés. Vous ne partez pas de zéro pour vous lancer dans votre projet, puisque vous bénéficiez du stock de connaissances et d'expériences acquis par d'autres. Mais cela suppose bien entendu d'avoir des sujets à observer, et de pouvoir s'entourer de personnes à imiter. À l'école, il nous était interdit de copier sur notre voisin. Il nous faut maintenant apprendre à faire l'inverse : trouver et identifier des personnes que vous souhaitez imiter pour éviter les écueils.

Les réseaux associatifs et d'affaires fourmillent de personnalités inspirantes qu'il faut identifier et dont il faut copier les attitudes et comportements gagnants. Difficile de faire ici l'inventaire de tous les réseaux existants. Mais vous n'avez pas d'excuses si vous ne cherchez pas un groupe de personnes qui partagent les mêmes valeurs et centres d'intérêts que vous. Si vous ne trouvez rien, alors créez le groupe !

Deux Avignonnais l'ont parfaitement compris. Ils savent à quel point il est important de créer du réseau surtout quand notre environnement familial ou amical d'origine ne nous tire pas vers le haut. Alors pour aider le plus grand nombre, ils ont créé « Le Guide des Réseaux » du Vaucluse. J'ai d'ailleurs eu l'occasion de soutenir leur action par un don en 2017.

Je vous invite à aller le découvrir, il est disponible gratuitement sur Internet. Tous les réseaux y sont référencés : business clubs (dont le désormais célèbre BNI : Business Network International, redoutable pour générer de nouvelles relations d'affaires), clubs de chefs d'entreprises jeunes ou moins jeunes, associations faisant la promotion des métiers du numérique, du bâtiment, de la communication ; clubs sportifs, syndicats, associations caritatives, réseau d'anciens d'écoles, etc. La liste est très longue ! Le guide indique même le nombre de membres, le prix de la cotisation annuelle et la façon d'entrer en contact avec eux.

Alors renseignez-vous, explorez, répertoriez, et rencontrez autant de gens que possible, car tous ces groupes existent aussi près de chez vous !

Peu importe la nature du groupe, allez-y avec l'état d'esprit de vouloir donner de votre temps et de partager vos talents avant d'espérer recevoir. Impliquez-vous et contribuez !

Le réseau se développe très vite si nous sommes sincères dans nos comportements et intentions.

• Augmentez vos chances d'avoir de la chance pour développer vos affaires

Êtes-vous chanceux ? Si vous le pensez, félicitations ! Sinon, il y a de l'espoir pour vous car vous pouvez améliorer votre chance. Les cyniques peuvent noter à raison, que nous ne pouvons pas commander la météo, empêcher les catastrophes naturelles, ni déterminer les circonstances de notre naissance ou la composition de notre patrimoine génétique et social. Cependant, il y a des stratégies pour améliorer notre chance dans des situations importantes.

Comment faire ? C'est très simple ! Pour améliorer votre chance, augmentez vos chances d'avoir de la chance !

L'achat de deux billets de loterie au lieu d'un ne change pas grand-chose, mais nous améliorons les probabilités lorsque nous augmentons le nombre de tentatives pour que quelque chose de bon se produise. Par exemple, dans le domaine de la vente par prospection téléphonique, 100 appels donnent généralement 10 rendez-vous qui débouchent en une vente. Faire plus d'appels mènera à plus de rendez-vous qui résulteront en plus de ventes. Les vendeurs juniors apprennent vite que le nombre de tentatives améliore leur chance.

L'un des meilleurs managers que je n'ai jamais eu utilisait la métaphore du pêcheur pour illustrer ce principe : le succès du pêcheur ne dépend pas uniquement de la qualité de sa ligne, de son hameçon ou de ses appâts, elle dépend aussi du temps que sa ligne passe dans l'eau.

Pour appliquer une stratégie de volume au networking professionnel, rencontrez beaucoup de personnes brièvement, mais assez longtemps pour établir un rapport qui compte. Rencontrer plus de personnes augmente vos chances de créer une relation qui s'avérera précieuse. Multipliez cette approche en assistant à un événement networking par semaine et vous verrez votre chance s'améliorer rapidement.

J'ai utilisé la stratégie de mise en réseau avec de bons résultats. Il m'est arrivé de faire des rencontres importantes dans des TGV, des mariages, en discutant avec un père de famille qui comme moi était venu pour amener sa fille faire un tour de manège. J'ai même fait une affaire conséquente avec une personne que j'avais rencontrée dans une petite réunion associative de 15 minutes. Je me souviens m'être d'abord demandé ce que je faisais là. Mais les opportunités sont partout si vous êtes ouvert d'esprit et prêt à aller les chercher dans des endroits parfois peu communs.

Croire en sa chance devient souvent une prophétie auto-réalisatrice. Des recherches démontrent que le fait de croire en sa bonne étoile améliore la confiance et cela a un impact évident sur la performance. Une fois que vous avez conscience que vous pouvez devenir chanceux, et que vous progressez dans la création de situations de rencontres qui débouchent sur des résultats positifs, encore plus de résultats positifs suivront. Combien de fois il m'est arrivé de me dire : « Mais cette histoire de rencontre est incroyable ! Quelle était la probabilité pour que cela arrive de cette façon ?! » Cela continue de m'étonner. Ma femme en a même marre d'entendre toutes mes histoires de rencontres tellement il y en a (rencontres strictement professionnelles bien sûr !). Et cette spirale positive s'accélère avec le temps.

La stratégie qui consiste à acheter plus de billets n'améliorera pas votre chance d'avoir les bons numéros à la loterie, mais pour les grandes opportunités de la vie il suffit d'une seule rencontre chanceuse pour trouver un travail de rêve, faire le coup de sa vie ou signer l'affaire qui changera tout. Alors bonne chance !

Si vous êtes plutôt du type introverti, ou si créer des relations avec les autres vous semble quelque chose de compliqué, voire d'anxiogène, voici quelques conseils qui peuvent vous être utiles.

• Treize habitudes des gens particulièrement appréciés

Trop de personnes succombent à la fausse croyance qu'être apprécié et populaire vient d'attributs naturels et innés que seule une poignée de gens possède : les gens beaux, particulièrement sociables et incroyablement doués. Il est facile de tomber dans le piège de cette fausse idée. En réalité, être agréable et apprécié est sous votre contrôle, et c'est encore une fois une affaire d'intelligence émotionnelle.

Dans une étude menée par l'UCLA, synthétisée par un auteur publiant dans le magazine *Forbes*[1], des sujets ont évalué plus de 500 adjectifs basés sur leur perception des caractéristiques qui pourraient définir une personne agréable et appréciée. Les adjectifs qui ont été le plus souvent choisis n'ont rien à voir avec le charisme, l'intelligence ou la beauté. Au lieu de cela, les adjectifs qui revenaient fréquemment étaient la sincérité, la transparence, l'écoute et l'empathie.

Ces adjectifs, et d'autres dans le même esprit, décrivent les gens qui sont dotés de la partie « sociale » de l'intelligence émotionnelle. Les données de recherches de plus d'un million de personnes prouvent que les gens qui possèdent ces attributs ne sont pas simplement agréables, ils ont des réussites qui surpassent nettement celles de ceux qui ne les développent pas.

J'ai traduit cet article pour identifier les principaux comportements que les personnes dotées d'intelligence émotionnelle utilisent pour être perçues comme si agréables. Voici le top 13 :

Elles posent des questions

Les plus grandes erreurs que les gens font en matière d'écoute active de leurs interlocuteurs c'est qu'ils sont trop concentrés sur ce qu'ils vont dire ou sur la façon dont ils vont être affectés par ce que l'autre personne va dire, à tel point qu'ils n'écoutent pas vraiment ce qui est dit. Les mots sont entendus clairement, mais le sens n'est pas intégré ni compris.

1. https://www.forbes.com/sites/travisbradberry/2015/01/27/13-habits-of-exceptionally-likeable-people/#677aad8c1b14

Un moyen simple d'éviter ce biais naturel est de poser beaucoup de questions. Les gens aiment savoir que vous écoutez. Une chose aussi simple qu'une demande de clarification prouve que non seulement vous écoutez, mais que vous vous inquiétez également de ce que disent vos interlocuteurs. Vous serez étonnés de constater à quel point vous gagnerez le respect et l'appréciation des personnes qui vous entourent en posant des questions.

Elles mettent de côté leur téléphone

Rien ne vexera plus vos interlocuteurs que l'envoi d'un sms en plein milieu d'une conversation ou même un regard rapide vers votre téléphone. Quand vous vous engagez dans une conversation, concentrez toute votre énergie sur cette conversation. Vous constaterez que vos échanges seront plus agréables et efficaces quand vous vous immergez dedans.

Elles sont « vraies »

Être vrai et honnête est essentiel pour être apprécié. Personne n'aime ceux qui jouent des rôles ou qui en font trop.

Les gens sont attirés par les personnes qui sont vraies parce qu'ils savent qu'ils peuvent leur faire confiance. Il est difficile d'aimer quelqu'un quand vous ne savez pas vraiment qui il est et ce qu'il ressent véritablement.

Les personnes appréciées savent qui elles sont. Elles ont suffisamment confiance en elles pour être bien dans leur peau sans devoir faire semblant. En vous concentrant sur ce qui vous passionne et vous rend heureux, vous devenez une personne beaucoup plus intéressante que si vous essayez de séduire les autres en fabriquant des histoires ou en faisant des choix en fonction des autres.

Elles ne jugent pas

Si vous voulez être apprécié, vous devez être ouvert d'esprit, ce qui vous rend accessible et intéressant pour les autres. Personne n'a envie d'avoir une conversation avec quelqu'un qui s'est déjà forgé une opinion et n'est pas disposé à écouter.

Avoir un esprit ouvert est crucial dans le milieu professionnel où être accessible permet d'obtenir de nouvelles idées et de bénéficier d'une entraide. Pour éliminer des opinions et des jugements préconçus, vous devez voir le monde par les yeux des autres. Cela n'exige pas de vous de croire ce qu'ils croient ou de valider leurs comportements, cela signifie simplement d'arrêter de juger pour comprendre vraiment ce qui a construit leur mode de pensée. Vous pourrez alors les laisser être qui ils sont vraiment.

Elles ne recherchent pas l'attention

Les gens sont mal à l'aise en présence de personnes qui cherchent à attirer l'attention en permanence. Vous n'avez pas besoin de développer une personnalité incroyable et extravertie pour être apprécié. Être simplement amical et prévenant est tout ce dont vous avez besoin pour toucher les gens. Quand vous vous vous exprimez de façon amicale, posée et concise, les gens sont beaucoup plus attentifs et ouverts que si vous essayez de leur montrer que vous êtes quelqu'un d'important en leur racontant qui ou combien de personnes vous connaissez.

Quand on vous accorde de l'importance, par exemple lorsque vous êtes félicité ou reconnu pour un accomplissement particulier, transférez l'attention qui vous est portée à toutes les personnes qui ont travaillé dur pour vous aider à y arriver. Cela peut sembler cliché, mais si c'est sincère, le fait que vous teniez compte des autres et appréciez leur aide prouvera que vous êtes reconnaissant et humble, deux caractéristiques essentielles pour être aimé et apprécié.

Elles sont cohérentes

Essayer d'être partout et sur tous les fronts ne peut que nuire à votre image. Quand les gens sont en contact avec vous, ils aiment savoir à qui ils ont à faire, et à quelle sorte de réponse ils peuvent s'attendre. Pour être cohérent vous devez être fiable. Vous devez vous assurer que même lorsque votre humeur change, cela n'affecte pas la façon dont vous traitez les autres.

Elles utilisent un langage corporel positif

Prendre conscience de ses gestes, de ses expressions et du ton de sa voix (et s'assurer qu'ils sont positifs) attirera les gens à vous comme un aimant.

Utiliser un ton enthousiaste, décroiser ses bras, maintenir le contact visuel et se pencher vers la personne qui vous parle... ce sont des formes de langage corporel positif que les personnes intelligentes émotionnellement emploient pour établir un échange chaleureux. Le langage corporel positif peut faire toute la différence dans une conversation.

Il est certain que la façon dont vous dites les choses est souvent plus importante que ce que vous dites.

Elles font une première impression marquante

Des recherches ont démontré que la plupart des personnes décident dans les sept premières secondes d'une rencontre si elles vous aiment ou pas. Elles passent ensuite le reste de la conversation à essayer de justifier intérieurement leur premier ressenti. Cela peut faire peur, mais en le sachant, vous pouvez en tirer profit et marquer des points dès le départ. Les premières impressions sont intimement liées au langage corporel positif. Une posture droite, une poignée de main ferme, le sourire aux lèvres et les épaules ouvertes vers la personne à qui vous vous adressez contribueront à vous assurer que vous laisserez une première bonne impression.

Comme le dit l'expression : « On n'a jamais deux fois l'occasion de faire une première bonne impression ».

Elles saluent les personnes par leurs prénoms

Le prénom est une partie essentielle de notre identité, et nous aimons quand les gens l'utilisent. Les personnes sociables et appréciées emploient systématiquement les prénoms chaque fois qu'elles voient quelqu'un. Vous ne devez pas seulement l'utiliser quand vous saluez les gens. Les gens se sentent valorisés si vous continuez d'utiliser leur prénom pendant la conversation.

Si vous êtes bons physionomistes mais que vous avez du mal à retenir les noms et prénoms, amusez-vous et dites-vous qu'essayer de se rappeler des noms des personnes est un excellent exercice pour votre cerveau. Quand vous rencontrez quelqu'un, n'ayez pas peur de demander son nom une deuxième fois si vous l'oubliez juste après l'avoir entendu. Vous devrez garder en mémoire son nom pour vous en rappeler la prochaine fois que vous la voyez.

Elles sourient

Les gens dupliquent naturellement (et inconsciemment) le langage corporel de la personne à qui ils s'adressent. Si vous voulez que les gens vous apprécient, souriez pendant que vous leur parlez, ils vous renverront ce sourire et se sentiront bien en votre présence.

Elles savent à quel moment s'ouvrir

Évitez de partager des problèmes personnels ou des confidences trop rapidement, car vous risquez d'être vu comme un râleur. Si vous voulez être apprécié, laissez les autres vous poser des questions et vous saurez alors que le moment est venu de vous ouvrir.

Elles savent qui toucher (et elles les touchent)

Quand vous touchez quelqu'un pendant une conversation, vous libérez de l'ocytocine dans leur cerveau. Il s'agit d'un neurotransmetteur qui fait que le cerveau vous associe à la confiance et à un grand nombre d'autres sentiments positifs. Un simple contact sur l'épaule, une étreinte, ou une poignée de main amicale suffisent pour libérer l'ocytocine. Naturellement, vous devez toucher la bonne personne et de la bonne manière, sinon cela peut produire l'effet opposé. Rappelez-vous simplement que les relations sont établies avec des mots mais également par des sentiments partagés

Un contact approprié avec quelqu'un est une bonne manière de montrer que vous êtes impliqué dans la relation.

Elles équilibrent la passion et le plaisir

Les gens sont attirés par les personnes passionnées mais il arrive qu'elles passent pour trop sérieuses ou indifférentes parce qu'elles tendent à être trop absorbées par leur travail ou leurs passions. Les personnes appréciées parviennent à équilibrer leurs passions avec la capacité à se relâcher et s'amuser. Au travail elles sont sérieuses, mais restent amicales. Elles fuient les ragots et les discussions de comptoir et se concentrent sur des interactions importantes et constructives avec leurs collègues. Elles se souviennent de ce que vous leur avez dit hier ou la semaine dernière, ce qui prouve que vous êtes aussi important pour elles que ce qui les passionne.

En résumé, les personnes appréciées et populaires sont rares et d'une grande valeur. Elles réseautent facilement, favorisent l'harmonie sur leur lieu de travail, mettent en évidence le meilleur de chacun autour d'elles, tout en donnant le sentiment d'être détendues et gaies. Ajoutez ces qualités à votre façon d'être et observez votre popularité grimper en flèche !

Conclusion

Pourquoi conclure un tel ouvrage ? Le chemin de l'apprentissage en matière d'investissement sur soi-même ne s'arrête jamais !

C'est donc à vous d'utiliser le contenu de ce livre et d'écrire la suite avec votre propre histoire ! Soyez malin pour réussir en toutes circonstances et libérez-vous de vos croyances limitantes.

Pensez à m'écrire pour me dire si ce livre vous a aidé et quelle partie vous aura le plus apporté. Je serai très heureux de le savoir et me ferai un plaisir de vous répondre. Le plus simple pour communiquer sera de rejoindre la communauté « Les Investisseurs Malins » sur les différents réseaux sociaux.

Mon ambition au travers de ce livre est double : premièrement, je souhaitais partager les clés du succès pour aider tous ceux qui ont l'envie noble de réussir dans les affaires et dans la vie. En particulier pour ceux qui n'ont pas forcément la chance d'être nés dans un environnement social ou familial qui leur permet d'observer et de copier ces clés de réussite au quotidien.

Ensuite, ce livre me permet de réaliser l'un de mes propres rêves : faire quelque chose que je n'avais jamais fait auparavant et apprendre énormément tout au long du processus. Cela me permet de m'assurer que je suis toujours sur la voie de la progression, car je sais que c'est en cherchant à apporter de la valeur aux autres qu'on peut espérer retirer énormément de valeur pour soi-même.

Enfin, je vous livre une dernière astuce : votre succès est loin de dépendre uniquement de votre talent et je voudrais vous laisser avec une dernière liste de conseils qui m'ont été utiles jusqu'à présent dans mes entreprises :

1. *Ponctualité :* l'organisation et le planning sont fondateurs d'un succès plus grand. C'est pour cela qu'il est important de faire de la ponctualité une habitude. Soyez à l'heure !
2. *Culture du travail :* se discipliner pour rechercher des résultats concrets de ses actions.
3. *Culture de l'engagement :* la volonté de faire des efforts pour atteindre ses objectifs est finalement autant une question d'état d'esprit que de comportement.
4. *Langage corporel :* la façon dont vous interagissez avec les autres en toute circonstance construit la perception qu'ils ont de vous.
5. *Energie :* tout le monde possède assez d'énergie pour atteindre un objectif. La question est de décider du niveau d'énergie que vous voulez investir. Soyez conscient de l'endroit où vous consommez votre énergie.
6. *Attitude :* c'est vous qui décidez de continuer ou pas... Personne ne peut décider à votre place. Votre détermination augmente l'impression de talent et compense vos faiblesses.
7. *Passion :* probablement le critère le plus important pour surmonter les peurs qui nous empêchent de réaliser notre plein potentiel.
8. *Être « coachable » :* Mieux écouter, être disposé à recevoir les conseils d'un aîné, d'un mentor ou d'un manager, et apprendre le succès à travers les autres.
9. *Le degré supplémentaire : « going the extra mile ».* Être prêt à aller au-delà de ce que vous vous étiez engagé à faire.

10. *Être préparé:* vous seul pouvez réserver le temps et les créneaux nécessaires pour préparer et rendre vos actions efficaces. Faites-en une habitude et cela décuplera votre talent. Réussir à se préparer, c'est se préparer à réussir.

Postface

Certains « infopreneurs » font prospérer leur entreprise sur la promesse d'une formule miraculeuse qu'il suffirait de mettre en œuvre pour devenir riche et épanoui dans un temps record. Leur fonds de commerce, c'est la crédulité, l'appât du gain et la frustration d'une population aussi matérialiste que malheureuse qui croit de façon illusoire que posséder plus la rendra plus heureuse.

La lecture de ce livre, une simple conversation avec son auteur ou la participation à un séminaire des *investisseurs malins* organisé par ce dernier vous convaincra qu'il ne fait pas partie de ces charlatans,2.0 : Jérémy Barray ne cherche à tirer profit de la crédulité, des espoirs et de l'avidité de personne.

Cela tient sans doute au fait qu'il est avant tout lui-même un investisseur averti, doublé d'un professionnel du conseil aguerri et doté d'une éthique professionnelle forte. La crédibilité lui importe donc bien davantage que la crédulité. Plutôt que d'allumer des feux de joie chez des individus frustrés et tirer profit de la manipulation de leurs fantasmes irraisonnés, il préfère inviter ceux qu'il conseille à bâtir une prospérité solide, saine, durable et réfléchie. Sa force est de faire en sorte que cela soit à la portée de tout le monde.

Dès les premières pages, il nous invite ainsi non-pas à le croire aveuglément, mais plutôt à réviser nos croyances sur la richesse, l'argent et la liberté, explorer de nouvelles façons de penser et d'agir pour être en mesure de bâtir notre indépendance et notre liberté.

Indépendance et *liberté*. Voilà deux valeurs essentielles dans la démarche de l'auteur, des vertus cardinales qu'il convient de posséder avant tout pour s'accomplir pleinement. Et si la lecture de ce livre et l'application des conseils qu'il contient peuvent *rendre libre*, sa force est aussi de *laisser libre*. Libre de penser et d'agir en accord avec soi et avec ses valeurs, libre aussi de refuser le *statu quo*, les croyances auxquelles on adhère de façon purement héréditaire, les injonctions subies à se conformer – y compris à la pensée de l'auteur – pour façonner soi-même son destin. À rebours de ce que nous sommes parfois tentés de croire, la lecture de cet ouvrage nous aura amené à considérer que la liberté constitue finalement moins un privilège qui se gagne – et dont on peut parfois manquer – qu'un état d'esprit préalable et indispensable à la réussite de tout projet, de toute relation et de toute entreprise digne de ce nom.

Au fil des pages, le lecteur aura peut-être été frappé, voire déstabilisé, par le caractère hybride de cet ouvrage : s'agit-il d'un manuel de stratégie financière ou d'un ouvrage de développement personnel ? C'est manifestement les deux à la fois et c'est là toute sa force. C'est aussi là la vertu de toute la démarche d'accompagnement développée par son auteur. Si l'on a suivi sa pensée, on se sera rendu compte que devenir millionnaire ou aspirer à une vie de paresse sous les tropiques n'a pour lui aucun sens à long-terme. Il attire plutôt notre attention sur le fait qu'avoir du plaisir à bâtir, se développer, progresser et contribuer au progrès des autres constitue la véritable prospérité.

L'invitation qu'il fait au lecteur n'est donc pas de s'enrichir seulement sur le plan financier, mais plutôt d'enrichir sa vie d'accomplissements significatifs et de réussite, selon les standards qui sont propres à chacun. La matière financière constitue alors une ressource pour s'accomplir, une discipline dont la maîtrise favorisera la réussite, voire même selon les penchants personnels de chacun un véritable champ d'accomplissement personnel. Mais l'alignement des zéros sur le compte en banque ne pourra jamais constituer à lui seul une réalisation ultime.

Car c'est à la découverte de soi que nous invite profondément l'auteur. Le vrai défi, celui qui permettra à chacun de « réussir », c'est de découvrir celui ou celle que l'on est vraiment, se libérer des chaînes et des carcans que notre éducation et notre environnement tendent à nous imposer, et agir sans retenue pour accomplir nos aspirations profondes, grâce à une connaissance et une compréhension fine des règles du jeu socio-économique dans lequel nous évoluons au quotidien.

Ce que propose Jérémy Barray, comparé à tant de vendeurs de rêve, est donc à la fois moins spectaculaire est plus profond : agir conformément à nos ambitions et nos convictions. Agir en n'étant mu ni par la peur, ni par l'avidité. Agir en n'étant limité ni par des croyances erronées, ni par l'ignorance des règles du jeu. Faire de la liberté un style de vie et de la quête permanente du progrès un principe directeur.

Articuler intelligence financière et intelligence émotionnelle, c'est la direction qu'il nous invite à prendre pour parvenir à la réussite. Ce faisant, il entrouvre dans ce livre un champ de réflexion qui mériterait d'être exploré et poussé plus avant, et que les lecteurs qui iront au bout de la démarche ne manqueront pas d'investir. Le livre se conclut en effet par une invitation à développer un réseau relationnel solide, ce qui nous conduit tout naturellement à se poser la question de la coopération et du partage : puisque la réussite n'est jamais totalement individuelle, comment parvenir à développer des collectifs solides, interdépendants, durables et capables de poursuivre des objectifs concordants et raisonnés ?

Dans une époque où l'humanité fait face à des défis sociétaux sans précédents, façonner des individus éclairés, libres, refusant de subir la condition qui leur est imposée à la naissance et capables de maîtriser les règles d'un jeu socio-économique complexe constitue un préalable nécessaire pour dessiner des futurs alternatifs viables. Il revient donc à nous, lecteurs de ces pages, qui remplissons désormais ces conditions préalables, de mettre en œuvre les stratégies qui nous permettront de réaliser un futur à la hauteur de nos ambitions. N'attendons pas, c'est maintenant qu'il faut agir.

Pierre Vendassi

Docteur en sociologie,

Facilitateur d'agilité émotionnelle,

Fondateur d'Anthropolead

Remerciements

Mes remerciements vont d'abord à mon ami d'enfance, Pierre Vendassi, qui m'a aidé et donné le courage de terminer ce livre. Il n'y a qu'à lire sa postface pour comprendre ses qualités humaines et sa capacité d'analyse.

Je voudrais ensuite remercier la communauté Instagram « Les Investisseurs Malins ». En la créant fin 2018, j'ai trouvé une bonne raison de terminer l'écriture de ce livre que j'avais démarré en 2015… J'entretiens désormais l'espoir qu'il pourra leur être utile.

Je remercie ensuite Christopher Wangen, qui n'a pas hésité plus de deux minutes pour répondre « OUI » à mon invitation d'écrire la préface de mon livre alors que nous nous connaissons peu. Je le remercie car sa vie illustre parfaitement les idées et méthodes que j'exprime dans ce livre « Gagner sa liberté financière et Choisir sa vie ».

Enfin, je veux remercier Lorie Diaz pour la photo de couverture ; Mathilde Carrier, Jean-Baptiste Durand, Hugo Soler et Dimitri Correard d'avoir accepté de fonder un comité officieux de relecture.

Un grand merci final aux éditions MAXIMA d'avoir accepté de m'éditer. Ce livre est une preuve supplémentaire qu'avec l'aide des bonnes personnes et même en partant de zéro, tous nos rêves peuvent devenir des réalités.

M81154 - (I) - OSB 90° - LEM - AMK

DUPLIPRINT
733, rue Saint-Léonard, 53100 MAYENNE
N° 2976905S
Dépôt légal : octobre 2022

Imprimé en France